智元微库
OPEN MIND

成 长 也 是 一 种 美 好

摆摊式创业

会摆摊就会做生意

黄碧云 著

人民邮电出版社

北京

图书在版编目（CIP）数据

摆摊式创业：会摆摊就会做生意 / 黄碧云著. --
北京 ：人民邮电出版社，2024. -- ISBN 978-7-115
-65547-9

Ⅰ．F241.4

中国国家版本馆 CIP 数据核字第 2024X25L21 号

◆ 　著　黄碧云
　责任编辑　林飞翔
　责任印制　周昇亮
◆ 人民邮电出版社出版发行　　　　北京市丰台区成寿寺路 11 号
　邮编 100164　电子邮件 315@ptpress.com.cn
　网址 https://www.ptpress.com.cn
　北京天宇星印刷厂印刷
◆ 开本：880×1230　1/32
　印张：8.875　　　　　　　　　2024 年 11 月第 1 版
　字数：200 千字　　　　　　　　2025 年 10 月北京第 9 次印刷

定　价：59.80 元
读者服务热线：（010）67630125　印装质量热线：（010）81055316
反盗版热线：（010）81055315

推 荐 语

罗振宇 得到创始人

摆摊看似简单，实则大有学问。这本书用接地气的方式，带你领略摆摊创业的独特魅力。从选品到销售，从进货到陈列，字里行间满是实战智慧。它告诉你，创业的门槛比你想象的低，每个普通人都可以从一个小摊开始。本书值得每一位创业者品读！

蔡 钰 得到"商业参考"主理人

在电商快速发展十多年之后，人们突然意识到，实体零售始终有它独特的魅力，吸引人们的是线下世界中的生命力甚至诗意。黄碧云老师过去这些年不断穿梭于上百个城市及乡镇，就是为了响应从业者们的咨询：怎么把线下的生意做好？我没想到她在这本书里真的肯掏箱底儿。

看完了本书，我才知道她的"图谋"：她把摆摊当作零售创业的"新手村"，一步一步地带读者观察高手们的实战经验、理解顾客心态，在此基础上再给出选品、进货、选址、销售等方方面面的动手策略，鼓励人们真刀真枪地把小摊支起来，并且以赚钱收场。这也是在替她自己培养未来的客户。

对我来说，这本书还可以被叫作"在哪里都有用的谋生能力""怎样安排一场社会实践""怎样用最小成本理解市井中国"。

徐　薇 （财得得咨询公司创始人）

这是一本关于摆摊的微型创业指南。碧云老师有多年接地气的人群画像分析、选品、销售、美术陈列经验，也一直赋能最小型的创业者，帮助他们成功！"小地摊、大经济"，可以养家糊口，也可以做创业"迷你"验证。手把手教你洞察人群需求，迭代选品销售，搞好陈列美化，实战人间烟火！

李南南 （得到 App "得到头条"主理人）

创业＝试错＋迭代。而摆摊是成本最低、反馈最快的试错方式。这本书一步步教你如何通过摆摊快速验证自己的创想，并根据市场反馈不断优化迭代，直至找到成功的商业模式。作者毫无保留地分享了各路摆摊高手的实战技巧，本书是创业者的案头必备！推荐所有创业者一读。

邵慧宁 （得到课程"跟邵慧宁学店铺销售"主理人）

担心创业失败？先别急着动手创业，摆个摊试试看！看似简单的摆摊其实就是创业的最小化闭环。小小一个摊位，蕴含着零售创业的方方面面。怎样用最低成本、最快速度、最直接有效的方式检验创业巧思。从翻开这本书学摆摊开始，黄碧云老师教你最落地的零售实战兵法！

▶ **脱不花** 奋斗者最好的样子

我是一名小创业者。在我这十年的创业历程中，有一件小事，如长夜中的一盏明灯，从它发生的那一刻起，直到今日，始终照亮着我跟跟跄跄的旅程。

2017 年，得到 App 还是一个非常不成熟的产品。除了每天上线一些课程，仅有的互动功能就是用户可以在学完课程之后给老师留言提问。有一天，我突然在一门商业课程的留言区看到了一个问题：

"老师您好！我是内蒙古自治区某某市某某乡的一名农民。我在互联网上听了您的课，很受鼓舞。我有一个关于营销的问题想要请教：我家所在的这个村儿，紧挨着国道，交通便利。于是，我就种了一些蔬菜，想要在道边销售。但是现在卖得很不好，请问我怎么做能提高蔬菜的销量？"

说实话，那时候我们已经请来了不少国内知名的商学院教授开课，但是，面对一位好学、朴素的农民朋友提出的关于怎么卖菜的问题，老师们似乎都有点不知从何下手。

没想到，过了几小时，同一个留言区出现了一条很长的留言，此人写道："借用老师的留言区回复一下那位卖菜的朋友。你的问题，我可以给你一些建议。你着手做这么几件事：

"第一，你去某某网站用很低的价格就能批发到一批菜篮子，到货后，把你种的菜，多品种打乱，组合到一个菜篮子里来进行销售。你做的不是规模农业，在价格上没有优势，所以不要单独卖一种菜，要把一个菜篮子作为一个销售单品。

"第二，你去找一个打印社，做一个大条幅，用红底、白色宋体字，字越大越好。上面写上一句话：进城走亲戚，带篮农家菜。按照一篮子菜整体定一个价格，比如每篮 50 元。这样，你销售的就不是跟菜市场一样的菜了，而是来自乡村的原汁原味的伴手礼。又是组合多种蔬菜、又是当伴手礼卖，因此，跟你讲价的人就会变少。

"第三，把这个条幅挂到路边，把菜篮子整齐地摆到下面，再制作两个大牌子，分别打印微信和支付宝二维码，大到什么程度呢？客人坐在车上，不用下车，就可以隔着窗户扫描付款。这样，客人不麻烦，一次多买几篮的概率就高了。

"做好这几个准备，你就可以去出摊了。加油！"

请注意，那是 2017 年。那时，很多地方甚至还没同时开通支付宝和微信支付呢。当时，我们在得到的后台第一次看到这个留言弹出来的时候，所有人都不禁拍案叫绝。这里处处没提战略、营销、商业模式等大词儿，但处处又都体现出了最敏锐的商业洞察。

我还记得当时我把这个问题和这个回复摘录下来，传阅给所有的同事和老师看。有一位老师回复我说："我突然体会到了我工作的意义，我们搭起了一个台子，但是来唱戏的是这些遥远的、善意的、上进的人们，在此之前，我很难想象一个卖菜的农民也会在得到上听商业战略课，更难想象连怎么出摊卖菜这种事，都有人能系统地铺开打法。"

这件事对我的影响当然更大。我跟同事说，无论如何要找到这位乐于助人的回答者，把她请到北京来，我想认识她。后来，在一次得到新课程的上线仪式上，突然有一位满面笑容的短发女士冲到我面前，大声说："花姐，听说你想见我，我就是那个教人卖菜的，我叫黄碧云！"

我们紧紧地拥抱了很久，彼此都从对方身上感到了某种力量。

直至今日，这件事仍然是在我们全体得到员工的入职第一课里必讲的最重要的一个故事。许多年过去，得到进进出出可能也有小几千人，但是每一个曾经的得到员工都听我讲过黄碧云的故事，用这个故事，我会告诉我的同事们：每当你丧失了意义感的时候，就看看黄碧云这样的学习者、这样的助人者，他们的存在和他们努力学习的样子，就是我们工作的意义。

黄碧云一开始只是五千万得到注册用户中的一个注册 ID。她的职业是商业零售的咨询师和培训师。但那只是职业而已。在我心目中，她最突出的标签，是一名永远充满好奇的终身学习者，一名永远激情昂扬的奋斗者。我亲眼见证了她在这么多年里，每天在得到学习、写笔记、提问题，不放过任何一个她想要请教的老师。甚至有一次，一位老师在直播时无意中提到后面会到日本出差一段时间。黄碧云居然每天早上四点起床学习老师当天更新的课程，然后提问，为的是让老师即使有一小时时差，也能第一时间看到她的留言、解答她的问题。

再后来，她在线下参加了得到大学的很多课程和活动，成为一名非常活跃、乐于助人的"大师姐"。再后来，她应邀来得到开设了两门课程"小店创业课"和"怎样让店铺持续增长"，非常接地气，又非常有效。很多开店的老板听完之后直拍大腿：如果早点认识黄碧云就好了！之后几年，她又入局电商，亲身下场研究实体和电商直播间相结合的卖货打法究竟该怎么干。如今，她已经是火遍大江南北的著名零售咨询师了。

我经常跟黄碧云开玩笑："你是唯一一个解锁了所有得到身份的人——重度用户、长期会员、得到大学校友、得到老师。有你在，我们做产品简直像是被一头狼追着！"

她的这本《摆摊式创业：会摆摊就会做生意》，与她本人一样朴实、细致。在此之前，我甚至从来都没想过摆摊也值得写本书，但是，在她告诉我这个课题之后，我立即反应过来：可不是吗！对于一个想要摆脱现状，又希望风险可控的普通人来说，摆摊，把摊摆好，能比隔壁王老五、张老四多挣一些钱，不就是马上能下场开张的生意吗！当年的麦当劳，不也就是美国高速公路旁边的一个"摊儿"吗！

按理说，被作者邀请写推荐序，得夸夸书本身。但是，我更想推荐你，盯住黄碧云这个人！跟住她研究的课题，盯住她行动的方向，信任她、跟随她，你自然就能进入一个接地气、有机会、可入局的商业小宇宙。

我想借机使劲儿谢谢黄碧云：谢谢你，让我看到了奋斗者最好的样子。

推荐序二

▶ **小马宋** 你遇到的 99.9% 的问题，早就有人想出答案了

在五六年前，我读过一本关于餐饮创业的书，书中说那些常去拜会同行、考察同行店铺的经营者，其经营成功概率会更高。

这里面的秘诀是什么？其实就是提早学习他人的经验，吸取他人的教训，拓宽自己的经营思路，绕开前人在经营过程中踩过的大坑。

从 2023 年开始，因为经济结构的调整和就业形势的变化，有许多曾在大厂工作的高级管理者或者有高级职位的人纷纷离职，他们中有相当一部分人选择去开线下门店。表面上看起来，他们去经营这些小生意应该是降维打击，但实际上并非如此。

经验很难被替代。

开线下店，需要相当多的实战经验。大厂中的工作往往是专而精的，而摆摊、开店工作则是纷乱复杂且突发状况较多的。在《水浒传》中，鲁智深和武松都去过孙二娘开的黑店，鲁智深在

店里一下子就被蒙汗药撂倒了，武松却很快发现了其中的问题。论武功，鲁智深和武松可能不相上下，但鲁智深是军官出身，擅长带兵打仗，而武松则从小在江湖中闯荡，因此他更清楚江湖中的各色人等和伎俩。

这就是经验和能力的不同。

我和黄碧云老师的相识，缘于"得到"，我听过她在"得到"的两门课。我们公司后来还邀请黄碧云老师成为公司专家库的成员，经常向她请教一些问题。黄碧云老师是一位长期在一线实践的人，她做过超市的高级管理者，也经营过几家超市，还是国内许多线下零售品牌的经营顾问，因此大家应该相信她在开店创业这件事上的经验和能力。

我看过许多商业类的图书，也看过许多经典理论，确实各有精华。但我发现，有部分读者对这类书并不感兴趣。为什么呢？因为这类书太难读懂了。

作为一个营销顾问，我觉得问题出现在沟通方式和内容呈现上。因为这些书的作者大部分是理论专家，是大学教授，所以他们的写作风格严谨，作品专业性较强，但是遣词造句会让部分读者望而生畏，无法在语言上和读者同频，这就让这些书和普通读者之间产生了鸿沟。

我说的所谓普通读者，其实也包括很多职场上的成功人士和创业者。即使是这些人，也乐于阅读平实易懂的内容，这是一个理论能被广泛传播的基础。我们这些普通读者，其实更喜欢读有实践经验的作者写的书。因为这些作者在写作时，往往能够从自己的真实经验出发，他们并不以做出学术创举为目的，而更多的是想把个人的经验与思考分享给读者。

我说了这么多，其实就是想告诉大家这么几个结论。

1. 多看同行或者他人的实践案例，会让你创业的成功率更高。
2. 具有实践经验的作者写的书，往往更容易让人看懂且有收获。
3. 黄碧云老师是一位极具实际操盘经验的零售专家，她的实战案例非常丰富。她写的书是值得好好阅读的。

但你做的事可能并不是摆摊呀，为什么要读这本关于摆摊的书呢？如果你读过《精益创业》这本书，你可能会知道最小化的可行产品（Minimum Viable Product，MVP）的概念。

举个例子可能会让你比较容易理解这个词。美团当年有个团队想做关于早餐外卖的创业项目。如果按照大公司的创业方式，他们应该先做一个应用（App）或者在美团 App 内加一个早餐预订的功能。但这就需要花费大量的人力物力，而究竟有没有前途其实并不知晓。那他们该怎么办呢？他们的做法就是，先在淘宝上开一家早餐店，看看顾客对服务的反馈，然后再决定要不要投入更多成本去落实这个创业项目。

其实，小摊就是所有线下创业的最小化的可行产品。

一些人在创业时，将自己赚的所有钱都投了进去。既然是这么重要的投资行为，是否应该再谨慎一些呢？摆摊，是绝大部分人创业的第一关。如果这一关过不去，那么后续的创业行为基本上也就不具备可行性了。

黄碧云老师在书中列举了众多摆摊创业的类型和问题，并提供了针对这些问题的解决办法。如果你是一个创业者，或者很想创业，我建议你先读一下这本书。

你遇到的 99.9% 的问题，早就有人想出答案了。

黄碧云老师其实就属于其中一个。

摆个小摊学创业

我在 7 岁时就开始和我的小姑妈一起在镇上的菜市场里摆海鲜摊。我仍然记得，每当顾客犹豫不决时，小姑妈就会直接走出摊位，拿着商品站到顾客旁边介绍，而这时交易往往更容易成功。

我还依稀记得自己问过小姑妈："为什么要这样做呢？"她说："我也不知道，就是觉得这样比较方便说话。"

到后来我就懂了，小姑妈这一走出来，其实就削弱了卖方和买方之间的对立感，能让双方迅速建立信任感。这一幕仿佛从那时起就在我的头脑里生根发芽了。等我长大后，这个方法也被我用在零售工作管理上。员工不要总是问顾客"买不买"，而是要更好地展示商品，这样就不会引起顾客的反感。

为什么我会想写一本关于摆摊的书？

最重要的原因是，我希望能够帮助像你我这样的普通人降低创业风险。创业，首先是获取认知，其次才是积累财富。摆摊是一个只要你愿意，就可以立即行动的最小化创业项目。从出摊的那一刻开始，你就能不断地得到顾客的即时反馈，你能通过这些反馈快速做出经营策略的调整。

另一个原因则是劝退一些认为"开个店就能赚钱"的人，这一类人往往是开店亏损最严重的。每当有人问我："我想开个店，要怎么做啊？"我就会说："嗯，开店不错。要不我们先来摆个摊吧。"说完这句话，10个人里能劝退8个人。这8个人可能各有想法，但他们被劝退的原因总结起来就两个：一是觉得摆摊太简单了，二是觉得这不高端。

摆摊真的很简单吗？其实不然。

摆一个摊的复杂程度并不亚于开一家店。从选品到选址，从张不开嘴吆喝、没生意，到滞销品怎么处理，摊位被占怎么和对方交涉……这些环节无不需要你付出精力和脑力。

其实这些问题也是你开店后会碰到的。而摆摊成本低，试错风险小，不成功可以换地方、换产品、换形式再测试。这个过程往往能帮你避开开店最容易踩的三个坑。

第一个坑：跟风扎堆。要是什么火你就跟着做什么，那么在一个没有统一管理的商圈里，你大概率会看到同类型的小店扎堆。这样竞争就会异常激烈，你只要稍微放松，就会造成亏损甚至使小店倒闭。

比如，2024年年初，天水麻辣烫火了起来，像这样的店，我不建议马上跟着开，但你可以先摆摊测试一下。这一类店往往短时间内在网络热度的影响下，会有一波流量的溢出，但这并不足以支撑起一家店。摆摊卖麻辣烫却可以为你带来短时间内财富的增量。在长沙的扬帆夜市里，就有一个摊主挤进了一堆摊位之中，借热度卖起了天水麻辣烫，生意很不错。可跟风开店的人，有的甚至没有撑过两个月。一个是赚，一个是赔。摆摊之所以能赚钱，是因为成本低，流量一过就可以改项目；开店之所以会赔，是因为店主错把短时流行项目当长期项目做。

第二个坑：大手大脚。觉得开店就能稳赚钱的人，往往会乐观地投入过多的资产。我的一个前同事，曾加盟休闲食品品牌小店，她最初找的店铺只有 30 平方米，投入不到 30 万元，可她听了品牌商总部的建议，租了 75 平方米的店铺，总投入也涨到了 70 万元。结果她开店不到 2 年，就因为业绩不理想，将店铺转让了，算下来总共亏损了 11 万元。摆摊，从一开始就注定是小买卖，做的是"块儿八毛"的生意。想赚钱就得学会控制成本。

第三个坑：举全家之力开店。开店倒闭如果亏损的只是自己的积蓄，那么还损失有限；但如果是举全家之力才凑齐了开店资金，一旦店铺倒闭，就会让家庭关系变得非常紧张，影响生活。

摆摊，真的低端吗？当然不是，摆摊，是能获取新流量的杠杆。

第一，成为地摊网红，从线上为线下引流

高手在民间。在刷平台摊主短视频时，我们会发现很多的网红摊主长得都不错，这有可能是巧合，也有可能是他们有意为之。

在长沙的夜市中，有一家名为"大牛忙烤牛肉串"的网红连锁摊，他家的牛肉串确实又鲜又好吃。目前，在长沙各大夜市中，"大牛忙烤牛肉串"大概有 30 个连锁摊位。而且这些摊主们颜值都比较高。在长沙四方坪的"大牛忙"的摊位上，烤肉的是

一位很帅气的新疆小哥。他烤串的动作很流畅，吸引了众多人围观拍照。这样，几个摊位就能创造出无数的自传播渠道。

不走颜值经济，有故事和背书一样能成为网红。在四方坪摆摊的李记飞饼的摊主，摆摊已有十来年，在高峰期每天有一万多元的营业额，这营业额明显超越中等规模店铺的营业额。虽然干得不错，但是摊主却不打算做加盟和分摊。

而"仅此一家"就是他们的营销策略。他们全家都专注于做好一个摊位，把东西做好吃，并变成稀缺资源，成为夜市招牌。他们还借助更大的背书获取势能，上了2024年湖南电视台的元宵节晚会，吸引更多人来打卡，让自己变成了一个网红打卡点。

第二，从线下向线上导流

线上的获客流量越来越贵，我们可以从线上向线下导流，同样，线下也可以让线上获客。

有些摊主的主要收入其实来自线上，而定期出摊只是线下获客的一个渠道。摊主们会搭建私域，让顾客扫码加好友并给他们优惠，私域流量池也就一点点建立起来了，私域中后续交易则以线上为主。有了私域，摊主后续开直播就有了基础的观看量和成交数据，就能撬动平台给直播间分配流量。

我在"得到"头条听过一期关于摆摊的节目，里面提到了一个卖鲜花的摊主的获客方法。

这位卖鲜花的摊主，如果顾客一次性买三束花，她可以送出一个精美花瓶，但她不当场送。顾客需要加她微信好友，把地址发给她，她会把花瓶邮寄给顾客。注意啊，这就不仅是增加私域流量这么简单了。摊主说，收到花瓶的人的复购率很高：家里摆了一个精美的花瓶，就相当于摆了一个"提示器"，它每天都在提醒顾客：该买束花了。而摊主每天在朋友圈里发各种插花方法和当季新品促销信息，顾客自然而然会想找她买花。

第三，测试城市的营商环境

创业，除了需要自身的努力，还需要看一座城市的营商友好度。

《城市摊贩的社会经济根源与空间政治》这本书中提到，我国的城市摊贩数量，2010 年就已经达到 1800 多万，是当年大学毕业生的近 3 倍。

而庞大数量的背后是，摊贩和城市之间的矛盾。一方面，摊贩给人们的日常生活带来了便利；另一方面，摊贩占据公共空间，影响市容市貌，还可能造成安全隐患，这又让人们困扰。2010 年前后，以广州为代表的一线城市陆续采用了"堵疏结合"的管理方式，缓解了冲突。

要观察一个城市的营商环境，有一个最微观的方式，就是自己去摆摊，去感受这个城市对小摊贩的包容度。

城市摊贩主要由四类群体构成，分别是农民、下岗失业人员、小商贩、其他低收入者。他们摆摊的原因各不相同，有的是不愿意被正式工作束缚；有的是失业，为了生存；有的是想从摆摊做起，积累资本和经验，方便将来创业；还有的是做兼职，增加收入。还有，对部分残障人士等特殊人群来说，摆摊也是一个改善生活的途径。

在长沙有一个网红小摊，叫无声意面。这里的无声代指员工是听障人士。而这些无声人士摆的摊，在长沙夜市里是会被重点帮扶的。夜市经营方往往会免除他们的摊位租金，也会有人教他们如何拍摄、发布短视频。他们会用短视频的方式宣传摊位。为了增加热度，夜市经营方制作了一集短剧，并被发布在网上，短剧很快就有了 100 多万播放量，很多地方的残疾人联合会都在转发这一条短视频。这个摊位也因此变成一个网红摊位，吸引了很多人前来打卡。

针对还没有顺利就业的大学生，长沙的很多夜市也为他们开办了实践摊位，提供租金优惠，还会给他们梳理产品价值、销售动作，并提供摊位布置指导。这样，摆摊就变成一部分大学生自立前的缓冲地带。这些做法也会吸引更多创业者，向他们宣告：留下来吧，这个城市值得你投入创业热情。

想在一个城市创业，你可以从摆一个小摊开始，去感受城市真实的营商环境，这样才能提升后续创业的成功概率。

就现在，一起出去摆个摊吧。

目录

第二章

跟练实战：摆个小摊，实战经验在民间

第 一 章

创 ┃ 业 ┃ 新 ┃ 手 ┃ 村

摆个小摊，打好创业基本功

摆摊第1关：
我该卖点什么呢

⤷ 本节通关问题

你可能经过激烈的思想斗争，终于想到：要不摆个摊试试看，万一成了呢？这时，闯入你脑中的第一个问题大概率是：要卖什么呢？这第 1 关，就是选对品。

摆摊卖什么和摆摊的地点息息相关。比如，在菜市场里摆摊就适合卖卤味，因为菜市场里的顾客大多是给家里准备饭食的人，卤味可以方便他们顺手给餐桌加道菜；在居民区摆摊就适合卖一些主食型的小吃、早餐，大家都离不开主食；在网红街摆摊就适合卖网红产品，因为顾客来这里大多就是图新鲜、拍个照。

我们可以根据区域类型来将其分为四类：第一类是大学城、大型工厂区和夜市，第二类是社区，第三类是小学旁边，第四类是写字楼区。在这四类区域叠加得越多的地方摆摊，生意就会越好。在两类以上区域叠加的地方，你就可以在这里开摊了。

那到底该卖些什么呢？先别急，你可以对标自己的精力、兴趣和能力，找到最适合你卖的商品。根据顾客需求可以将商品分为三类。

1 那些"天天用"的商品

第一类商品是满足了人们日常生活需求的生活刚需商品，比如每日三餐所需的食物：蔬菜、鸡蛋、食品饮料以及速冻早餐食品等。这类商品消费频次高，但竞争大，毛利也相对较低。不过，只要摆摊位置选对，生意也会比较稳定。这类摊位要摆在老少三代同居的家庭占比大的社区里，这样才有足够大的消费基数。

这里有一个细节要注意，卖生活刚需商品时，每天摆摊的位置、时间最好也能相对固定，这样能建立信任，留下更多的老顾客。你想啊，如果你家楼下有两个卖菜的摊主；一个是天天在固定时间、固定位置卖菜，另一个是在不固定的时间、不固定的位置卖菜；前者带给你的信任就会更多，对于后者，你最担心的问题可能就是不足称。

而如果你摆摊的时间和位置相对固定，成交时你也可以说："我以后会经常在这里卖菜，放心，我卖的菜不少称，还新鲜。"你多与顾客说话，就能慢慢赢得信任。你还可以在顾客付完钱后，再送一把小葱，说："欢迎下次再来。"为什么这么做？这其实就和你买一斤瓜子，店主最后再往上加一把瓜子一样，你会觉得自己赚了。顾客觉得自己得到了实惠，下次就愿意再来。

卖生活刚需商品时，你可以根据顾客的生活节律来调整商品。这里的节律指的是顾客一周里的需求变化。例如，从周一到周四要上班，顾客会多买方便处理的菜品，如小白菜和番茄。而到了周末，顾客则可能会买制作比较费时的菜品，如小龙虾和凤爪等。如果你只卖菜，那么在周末你就可以增加一些调味菜品，比如大葱、香菜、生姜、蒜、紫苏；还有炖汤时会用到的配菜，比如白萝卜和莲藕等。这些菜品的利润往往比绿叶菜高，损耗也更少。

卖生活刚需商品时，要注意多做市场调研，价格一定要比附近超市里的有优势。要不人家为什么到你的摊上买这些商品呢？但是，如果你在陌生的社区里摆摊，怎么判断这个社区里是否有销售基础呢？一是看周边幼儿园是否多，或者是否有小学或中学。二是看以下几种店铺的生意情况：宠物店、口腔门诊、干洗店、超市、水果店、理发店。绕着社区走一圈，在 15 分钟内，能看到 2 家以上上述店铺的社区，说明人口密集度高，在这一类社区里摆摊就有足够大的消费人群。

在社区里摆摊时，你要想办法获取信任，尽量固定在一个时间、位置摆摊，并且掌握家庭消费的周节律变化。这是卖得更多、赚得更多的关键。在写字楼附近卖早餐也是同样的道理。

2 那些"让人变开心"的商品

如果卖生活刚需商品时，销量是稳定的，那么卖第二类商品——非刚需商品时，比如零食、鲜花、玩具、饰品、套圈等，你就要懂得应时应地、灵活变化了。不买、不吃这类商品，也不影响人们生活，买了、吃了会让顾客开心。按现在流行的话说，就是这类商品更能提供情绪价值。想卖好这类商品，你得想办法让顾客高兴，顾客越高兴，你的销量就越好。而这类商品虽然消费频次低，但是毛利高，而且投入成本低。

卖这类商品，你首先要选对时机，要挑顾客处于相对休闲放松的状态时进行推销，周末和节假日是这类商品的销售高峰期；其次要选对商圈，最好是在客流量大的夜市、广场、大学城附近摆摊。

其中，让顾客吃得开心是重点。能让顾客吃得开心的首选是特色小吃。不同商圈里的小吃摊经营的类目也不一样。大学城附近的小吃摊，经营类目一般比较多样，比如麻辣烫、烤肉串。大学生馋了就会喊上同学去打牙祭，大学城里学生的数量多，只要小吃摊口味好，名声传播的速度肯定特别快。如果你的手艺不错，而且你在工业比较发达且劳动力输入型的城市摆摊，那么你在工厂集中区做小吃生意，销量也会不错。在这个商圈，你摊上的小吃要以主食为主，特别以三类炒主食为主：炒饭、炒面、炒粉。一是因为炒主食的味道比较香，二是因为这三类主食爆炒出的香味容易让饿着的人难以抵挡诱惑。因为工厂大多会采用倒班制，并没有清晰的周末，所以周边小吃的销量大也很稳定。

做面向儿童的生意要注意一些什么呢？比如卖玩具的摊，就更适合摆在幼儿园和小学相邻的区域。如果附近只有小学或者幼儿园，摆摊效果都不会太好，一天中能做生意的时间会很短。而小学和幼儿园放学的时间大概会差一小时，在二者相邻的区域摆摊时，可以移动摊位以延长营业时长。卖这一类的商品，最重要的是让小朋友们试玩，要设一个"靶子"。他们玩得越高兴，你卖得越好。

如果刚开始你实在不知道卖什么，或者精力和时间不够，可以卖时令性强或者能增加节日氛围的商品。比如，夏天可以卖短袖衬衫和拖鞋，冬天可以卖手套、棉袜、围巾；情人节可以卖鲜花、小蛋糕或者手工巧克力。到了一些其他重要节点，比如高考期间，就可以卖与"一举夺魁"有谐音梗的向日葵；到了如春节这样的大节日，可以卖各种各样的年节用品。这里要注意，不管是卖短袖衬衫还是背心、内裤，都要尽量选择均码的商品，少备有设计感、多尺码、多款式、多颜色的鞋类。个人眼光差异很大，这些商品特别容易砸在手上。卖季节性商品就是为了小试牛刀，先找到摆摊的手感，因此一定要小批量进货，先试销。

想卖这一类商品，地点首选夜市。但有一个问题，如果是成熟的夜市，会很难挤进去。可要是新的夜市，也不知道它未来发展得怎么样。

我可以介绍三个观察夜市的方法：第一，看附近餐饮店，特别是火锅店、排档开业到几点，如果是开到夜里 12 点后，那说明附近食客不少；第二，看附近娱乐场所业态丰富度和店铺数，越丰富、越多，年轻人就越多，也睡得比较迟；第三，看公共交通的停运时间，在夜市周边比较热闹的地方，最后一班公交车也会比别的地方晚一小时。

3 卖有门槛或优势的商品

除了卖生活刚需商品和非刚需商品，还有一类商品，它卖的是手艺服务，比如在旅游景点或者公园里画脸绘，编小脏辫，拍个性摄影，画人物素描等。除了商品本身，消费者选择这些服务，更多是为手艺而买单的。

2024 年 4 月，某明星演唱会场外，有一个化妆师在摆摊，专门给来听演唱会的姑娘做全套妆造，188 元一套。演唱会开了 6 场，他摆一天摊大概有 1500 元的收入，6 场演唱会跟下来，他也就有了近万元的收入。他的手艺越好，找他化妆的人就越多。

在大学城或者年轻人特别多的街区，比如文艺街，你可以卖手工首饰，比如手工艺品、自制饰品、手工包、个性穿戴甲等。虽然这些商品的制作成本略高，但是其附加值也高。年轻人愿意为自己喜欢的商品或者有个性的商品付更多钱。发现了吗？这一类商品，顾客消费后，还特别喜欢拍照发朋友圈，这就增加了他们的社交体验。如果你的手很巧，也有很强的审美能力，那么这些商品也是不错的微创业选项，甚至可以说是"无本"创业。

另外，还有一个有一定门槛但需求量大的生意，就是给手机贴膜并卖手机配件了。从理论上说，只要是有手机的人，就是你的潜在顾客。因此，摆摊的位置并不太受限，在购物中心门口、各大夜市里都可以摆摊，在社区里和地铁出口外也可以摆摊。能不能卖得出和卖得好，主要考量的是你的手艺。你先要让自己对目前最主流的手机机型很了解，特别是要对用户的使用痛点特别了解。你的摊位上只要有 5 款热卖机型的相关产品就够了。手机机型这么多，你也很难满足所有用户的需求，而且手机流行、变化速度快，你进的产品多了很容易砸在手上。

只要你贴膜的手艺过关，相关的手机配件，像手机壳、手机链、手机支架的销售量也会更高。这里要注意的一点是，想多卖手机配件，你可以在贴膜前向顾客提一嘴："我现在开始贴膜，你可以看看这里的手机壳有没有喜欢的。"你只要一开始贴膜，就不要再说话了。贴膜时你不说话，顾客会觉得你很认真，对你的信任感也会变强。等把手机膜贴好，把手机交给顾客时，你可以再推荐手机配件。只要顾客对你的贴膜手艺满意，连带购买率也会很高。并且这些配件的利润也都比较可观。

当然，你还可以调研商品资源及产业资源，了解所在的区域里有没有比较突出的资源。比如，农业特产、商品集散地，都是优质的资源。盘点资源后，你就可以尝试依靠就近优势用好这些资源。比如义乌是小商品集散地，有很多的尾货，这里就可以作为一个货源地选择。

选好卖什么后，你千万不要忽略一件事，就是获得家人的支持，特别是父母和孩子的支持。很多父母都望子成龙、望女成凤，他们也许会觉得摆摊这个活儿多少会让他们没面子。如果你有孩子，你又刚好在他们的学校附近摆摊，那么他们可能会面临同学的议论。因此你要把你的创业计划和他们同步，获得他们的支持。

摆摊创业第1关是想好卖什么，可心理上的第1关是获得家里人的理解和支持。

小结一下

卖刚需商品：固定摊位，靠长期信任。

卖非刚需商品：周末和节假日是销售高峰。

卖有手艺门槛的商品：手艺是关键，你的手艺要好到能让顾客拍照并发朋友圈。

行动挑战：俗话说，光说不练嘴把式。这本书最大的特点就是有实操，因此每一节结束后，我都会布置一个行动挑战。这一节的行动挑战就是盘点一下自己手上的资源、精力和受限条件，在三类商品中找到适合自己的项目。

摆摊第2关：
从哪里进货便宜呢

➯ 本节通关问题

如果你想好了要卖什么，接下来的问题就是如何找到更靠谱的进货渠道。可以说，找对渠道能让你卖和别人一样的货却赚到更多的毛利，而且还能降低现金流风险。

你先要学会借助不同线上平台来消除信息差。你要在电商平台上，比如淘宝，看热卖商品有什么。然后把这些商品列出来，再到专门做批发的网站（1688、义乌购等）上进行对比。由于两个平台的服务客群和货源结构不同，这样你就可以找到靠谱的货源。

你要掌握下面几个方法。

1 找到与大牌相同的代工厂

　　干了 20 年的零售，天天跟商品打交道，我是怎么教采购人员通过线上渠道获得性价比高的商品的呢？我让他们到零售平台上搜索各个分类的商品，再对比该零售平台各分类前 10 名的爆款商品，然后到类似 1688 网等批发类平台上去查询这些商品的进价和主要生产区。

　　以零食藕片为例。你可以点开电商网站，搜索关键词，找到几个销量最高的品牌，打开商品详情页，你就可以看到代工厂的地址。你只要从一个分类中找出 3~5 个排名前几的品牌，翻出它们的代工厂地址，就会发现其实很多相同分类下的不同品牌商品的代工厂集中在某个特定的地域，藕片的代工厂大多在湖北。

　　知道了这个地方，你再打开 1688 网站，输入"湖北藕片"，就会出现当地最大的几家代工厂的名字，检查确认过他们的资质后，你再对比一下价格，就可以放心买了。

　　为什么代工厂生产的商品性价比高，而且还好吃？那是因为，为了节约大量的运输、包装费用，很多食品行业的商家会选择在源头建厂。比如，藕有一个特性，只要不被挖出来，它可以一直生长而不变质。也就是说，在源头建厂，就无须仓储，储存成本大幅下降。因此同样的产品，源头代工厂就卖得更便宜。细挖商品原材料背后的细节，尽量找到最优货源，是我培养采购人才的方法。

　　这里要注意，虽然 1688 是一个批发网站，但是也会有"二道贩子"在上面赚差价。因此输入产品信息后，你需要勾选两个关键选项，一件包邮和 48 小时内发货。这能过滤掉大部分需要时间差在顾客下单后转手找别人拿货的非原厂家商家。

找源头厂家时，要看平台认证资质，以在 1688 网站选择商家为例，要选择诚信认证在 5 年以上、拥有超级工厂标志、综合服务 5 星的商家，这样就直接筛掉了大多数的商贸公司；再点客服窗，问价格，问寄样条件，看完样品再决定是否进货，这样能减少试错成本。除了 1688，只要掌握同样的技巧，你还可以在义乌购、专业的中国鞋网里找到小商品尾货。

挑选定量装商品（包装食品或者日化类的商品）时，需要看即时外卖渠道上的零售价，大致预估当地的物价，你的定价与当地的市场价格的差异要在 20% 以上，才能让顾客感觉出来。如果无法实现这么大的价格差异，那说明这一类商品在当地竞争激烈，摆摊时一般要避开这些商品。当然也可以换一种思路，就是把这种商品当作引流品，定低价、不赚钱，同时销售另一款同品类商品来提升利润。毕竟，竞争激烈也意味着商品的基础销量大，因此可以薄利多销。比如皮筋，纯黑色的光圈皮筋不赚钱，但加厚且有皮质装饰的发圈可以让你多赚一点。

如果你想卖袜子或者小饰品之类的商品，可以去义乌商贸城。它分国际部和现货部。国际部的商品起订量一般很大，得订 500 ~ 1000 个。但国际部的商品大多款式更好看且较时尚。你可以先做一个市场调研，记下并拍下自己比较喜欢的款式商品。对国际部的新款商品，卖家一般是不让拍照的，不过你可以找他们要名片，加他们的微信后从朋友圈里看。找到想要的商品后，你可以再到现货部，找同款或者相近款。在现货部拿货是一盒起批，一盒或一袋大概就是 20 ~ 30 个商品。你也可以问一下卖家有没有入驻 1688 或义乌购，关注他们以后慢慢挑。

如果你看中款式的商品线下没有，你可以用图片在 1688 上搜索，价格总的来说会比线下贵。但在线上 3 ~ 10 个商品就可以按批发拿货，差价会在 10% ~ 20%。

春天到了，像小风车发夹这种有春天气息的单品非常好卖。把它夹在显眼的地方，风吹过来，小风车哗啦啦地转动，就容易吸引很多小朋友过来购买。但线下批发这个产品要求 500 个起订，新手摊主很难一下子消耗掉。而在 1688 或淘宝网上，可以找到 10 个起批的批发商。在线下订 500 个，拿货价是 0.45 元每个；在线上订，是 10 个起订，价格是 0.58 元每个，批发 30 个，价格则是 0.53 元每个。虽然有价格差，但这个产品现在正流行，售价可以为 5 元 2 个，利润还是比较可观的。而且这一类商品很有时效性，等过了流行期，就不太好卖了。因此，还是在线上按小批量拿货更保险。

2 生鲜食材，就近批发

选择生鲜食材的资源时，需要根据拿货量和拿货花的时间综合考虑，多花一小时，那就是多了一小时的时间成本。在正常情况下，货源选择应该是，总批发市场优于综合市场，优于周边菜市场。不过，如果总批发市场离你远，需要花更多时间拿货，那就要看一下价格差异是否足够大了。如果拿货量不大，则可以在综合市场里和固定的摊位上拿货，同时和老板争取用批发价拿货，毕竟你是一个稳定的老顾客，虽然单次拿货量不大，但是好在细水长流。初期，如果卖家不愿意让利，但商品质量很好，则可以随着拿货次数的增多，每隔两周和卖家谈一次价。只要是砍下来的钱，就是你的利润了。

3 对抗短时波动周期

采购当地餐饮业的热卖食材时，要避开周末高峰销售期。什么意思？用夏季的小龙虾举个例子。

只要是带壳且操作麻烦的水产，一到周末、节假日就会涨价。这是因为，周末人们才有时间对它们进行清洗及烹饪，才能安静坐下来边剥边吃。同理，这类水产，周末在餐馆里卖得也会更好，特别是中大个头的小龙虾。因此，小龙虾在周末会在短时间内供不应求，价格上涨。

比如在某地，一斤中等个头的小龙虾的价格，在周一到周四是 18 元，到周五是 21 元，到周六、周日就是 24 元。这中间的差价前后算起来有 25%。因此，对于小龙虾，可以早两天进货，将它们暂养在泡沫箱里，周末以和市场一样的价格售卖，毛利能高出很多。只要货源不出问题，一般利润则远高于暂养期间的损耗率和暂养成本。

当然，这有一定的技术门槛，要量力而行。这里重点要讲的是，在一周中食材价格是根据需求波动的，周末的生意比较好而价格也会高，尤其是烹饪起来比较耗时的食材。

4 在本地市场找到稳定的进货渠道

有些情况下，更适合在本地市场进货，这就需要找到比较稳定的本地卖家。以寻找某食材的本地卖家为例，你可以先到各大超市里看一下所需食材背后的厂家，然后按前文中介绍的方法，到 1688 上查询对应的厂家联系方式，向其询问本地的代理商档口联系方式。这样找到稳定渠道，少量多次拿货，卖家一样会给你批发价。当然，即使有了稳定的渠道，每隔 1～3 个月，你还是要到旁边的竞品批发档口问一问价格。这一方面是因为时间久了，容易出现杀熟现象；另一方面是为了保证自己对市场行情有足够的敏感度。

小结一下

找线上热销款：先在零售平台上看销售排行，然后直接在批发类平台上找生产地及批发资源。

辨别优质线上供应商：看平台认证资质，以 1688 网站为例，要选择诚信认证在 5 年以上、拥有超级工厂标志、综合服务为 5 星的商家。

生鲜食材：根据拿货量和拿货花的时间综合考虑。

行动挑战：请你根据自己选的商品类目，在不同的进货渠道中找到货源，按上述的方法规划 300 元的商品进货单。

摆摊第3关：
怎么定价能赚更多

本节通关问题

选好了货，要怎么定对价呢？在营销界有一句话：定价定生死。对一个小摊来说，定价的影响确实也没有这么大，毕竟是小本生意。但价定对了，的确能让你在同样摆摊的时间里多卖货、多赚钱。

在具体介绍小摊怎么定价之前，我先来纠正一个新手定价时最容易犯的错误，就是跟风用尾9定价法。

很多人听说，只要价格后面带个9，商品就好卖。这个方法在线上或者在门店里可能有效，但在小摊上却并不好用。在小摊上更适合用整数定价，因为顾客和你都好算金额，扫码付款就快。而且也正是因为现在大家都用扫码支付了，所以大家对抹零的敏感度降低了，这也就弱化了尾9定价的作用。那是不是尾9定价在小摊上就不能用了？倒也不是，和门店里基本将尾9定价用在单价低的商品上不同，在小摊上适合将尾 9 定价用在价格超过 50 元的商品上。要注意的是，对价格超过 50 元的商品，用尾 9 定价时，9 只能出现一次，如果出现两次，像 59.9 元，大家看一眼就会发现价格比 59 元要贵。这主要是因为人们有将数字四舍五入的习惯，超过 5 的数字在大众的心目中就是大数了，所以价格尾数有一个 9，大家就觉得价格不到 60 元，可是，如果三位数都是大数，那么仅凭视觉顾客就会觉得东西太贵了。

用对定价策略，是有助于提升销售增长的。

接下来就来看一看，适合小摊的三种定价策略。

1 组合定价出爆品

第一种，就是高中低组合定价。摊位与门店不同，一个摊位上好卖的商品就一两个，想卖出更多主力商品，就要善用高中低组合定价，将主力商品的价格放在中间。这个定价策略特别适合非刚需商品。那如何让中价位的商品多卖？这里是有操作技巧的。

首先要了解大众心理价。大众心理价是指，一个品类的商品在大部分人的模糊印象里最便宜的价格。比如扫把，大众普遍认为它最便宜的价格大概是 10 元，那这个价格就是大众心理价了。商品定价接近大众心理价时往往卖得最好，因此，想要中价位的扫把多卖时，要将中价位的扫把定为 10 元左右。

设置低价位的价格时，可以选一款比 10 元便宜 2 元的扫把，而最贵的扫把可以把价格定在 20 元。看出来了吗？低价位和高价位的这两个商品的价格，与中价位的商品的价格相比，差价有一些不一样。高价位的商品比中价位的商品贵了一倍，而低价位和中价位商品的价格只相差 20%。这么设计是有原因的。低价位离中间价位更近，顾客就会觉得加一点钱买个好点的也行，反正也差不了多少钱。可高价位和中价位差得多，顾客就觉得好像没有必要买这么好的，自然就会觉得选择中价位的这款商品也可以了。

为什么要突出中价位，让这个价位的商品卖得更多，而不是什么都卖一点呢？因为这会带来一系列好处。第一是主卖商品就能得到更好的管理和陈列；第二是单品量卖得多就能和上游供应商压低进价，多赚毛利；第三，也是很重要的一点，是摊位上顾客逗留的时间短，如果你给顾客很多选择，商品反而卖得少。

怎么能快速知晓不同品类商品的大众心理价是多少呢？同样可以借助各个平台。因为，大众心理价具有很强的普遍性，所以，你只要调取一下各个网站销售的你要卖的商品的前 10 名，再把它们的价格相加后除以 10，就可以获取一个大概的大众心理价。切记，要选择有相近的规格和包装的商品进行对比。

2 用均一定价多赚毛利

在摆摊时，均一定价可以说被运用得最为广泛，特别是对 10 元以下的低单价商品，对款式多的商品也比较适合，比如零食、

发圈、首饰、玩具、袜子、杯子、餐具等。均一定价，能让一个
价格覆盖更多的商品。你只要将同价格的商品陈列在一起，就能
降低陈列难度。最重要的是，这样顾客就有了一种"淘"的感
觉，他们自然就会多买几样商品。

均一定价时，针对 10 元以内的商品，不要采用尾 9 定价，
尽量用整数定价，一般选择 1 元、3 元、5 元、8 元、9 元，其
中顾客对 1 元、9 元最为敏感，因此这两个价格的商品中，30%
要绝对便宜，50% 要相对便宜，20% 要毛利率略高。而对价格
为 3 元、5 元、8 元的商品，毛利高的比例可以调到 50%，这样
你的综合毛利就不会太低，销量也会更高。平均毛利可以定在
30% ~ 60%。

均一定价，比较适合那种夜市里较大的固定摊位。可如果你
是一个新手，摊位也不大，那就把它反着来用，比如 10 元任选 3
样、5 样。这样有一个好处，就是便于管理，销量数量也不会低。
而任选的商品中要有 30% 是比较常见的商品，比如单色的棉袜，
大概有 40% 的利润；而剩下的 70% 是不太常见的，比如花色款
式的袜子，进价也不高，大概有 60% 的利润。假设顾客一次买 3
双袜子，那总体来说你的利润就很可观。

3 降损，要用动态定价

损耗是售卖生鲜商品时最让人头疼的问题，不过一样可以用
定价策略来降低损耗，这个定价策略叫动态定价，也就是根据商

品的变质速度及状态来进行定价。

生鲜商品的保质期基本不超过两天。以一天来说，如果你以每斤 5 元左右的价格进了 100 斤葡萄，放到市集上去卖，刚摆出来的葡萄晶莹饱满、颗颗诱人，这时定价每斤 8 元，比目前普遍的每斤 10 元便宜，所以卖得很不错。这样从 6 点 30 分到上午 10 点 30 分前，就卖出了 70% 的葡萄。剩下的葡萄卖相一般但还过得去，你就可以将价格改成了每斤 6 元，又卖出 20%，这时市场里其他摊主卖出的葡萄更多。最后在菜市场午间 12 点休息前，因为顾客反复挑拣，很多葡萄都已经掉粒了。这时候，你要把烂掉的葡萄挑出来。再把价格改成每斤 2 元，边叫卖边装袋，努力把剩下的货卖出去。最后，你当然不可能把剩余 10% 的葡萄卖完，有部分变质的葡萄一定是会损耗的，这一部分的损耗一般有 3%，总体来说你还是卖出去了 97% 的葡萄。

现在来算一下这一批葡萄给你带来的收入。按 8 元每斤的价格卖出了 70 斤，收入是 560 元；按 6 元每斤的价格卖出 20 斤，收入是 120 元；按 2 元每斤的价格卖出 7 斤，收入 14 元，亏损 3 斤。总收入是 694 元，成本是 500 元，赚了 194 元。操作技巧是在葡萄卖相还好的时候就把定价改成每斤 6 元，不要不舍得降价，如果一直耗到葡萄掉粒更严重了再降价，最后总体赚的钱只会更少。用好动态定价，就能很好地降损，获得更多的利润。

其他品类商品是不是也可以用这一定价策略呢？其实，季节性很强的服装，清仓时也可以采用动态定价，只是时间间隔会拉得比较大而已。对于这一类商品什么时间开始用动态定价呢？其实就是已卖出的商品的收入超过成本后，剩余库存就可以开始用动态定价的方式清仓了。

下面举例来说明。

夏季的家居裤，采购价格是 10 元每条，市场参考价 29.9 元每条，我们进了 100 条。为了增加销售，我们把价格定在 19.9 元每条做促销，一周后我们卖了 55 条。核算方法如下。

采购成本：$10 \times 100 = 1000$（元）

销售收入：$19.9 \times 55 = 1094.5$（元）

这个单品销售一周后成本已回收，剩余的 45 条不管卖多少，产生的都是毛利。比如，比较极端的情况：一条只卖 1 元，那我们的毛利就是 45 元。因此，只要总采购成本已经回收，而商品又快过季了，那么我们就应该尽快清仓。这时候，只要把货卖出去，我们就会赚钱，不会因积压库存而亏本。

我们还可以把这个策略变化一下使用。比如一件短袖衬衫的进价是 10 元，我们可以直接用第一件 30 元，第二件 5 折 15 元，第三件 1 元的价格策略来销售。这样，3 件短袖衬衫加起来总营业额是 46 元，总成本是 30 元，总利润是 16 元，还能加快库存周转。

组合定价在建立总体的价格模型上能发挥很大的作用。运用组合定价时要设定好价格区间，太密和太宽都会影响毛利。**均一定价**能让低单价及更新快的商品从杂乱变得有序，从而提升效率。**动态定价**既能有效降损，又能让你多赚钱。

小结一下

组合定价：你要设定高、中、低三个价位，低的离中的近一些，高的要更高一些，让中价位的商品更好卖。

均一定价：低单价商品多用均一定价，提升连带销售。

动态定价：时令生鲜、季节性商品按商品新鲜度降价，消灭库存就是在赚钱。

行动挑战：选择一款准备售卖的商品，根据进价制定定价策略。

摆摊第4关：
怎么管钱才科学

本节通关问题

看到这，你可能会想，不就是摆个小摊嘛，怎么还得学财务管理呀？这还真不是件小事，你只要做生意，涉及流水，管钱这件事就得学，越早学越早赚钱。所谓大钱靠投资，小钱靠管理。钱不一定会越管越多，但管钱一定会让你更懂生意之道。

你放心，这一节里没有复杂的计算，你只要做好三本账就好。第一本账，让你算清楚真实收入；第二本账，让你弄清投入与开支；第三本账，让你存下更多的创业基金。

1 家摊收支分离

要做到科学管钱，首先家摊收支分离，你要有两份清晰的账目。如果把摊位和家里的现金混在一起，时间久了，你看着好像赚到钱了，但有可能只是拆了东墙补西墙。

处于新手期的摊主，就会觉得反正都是自己摆摊，花的、赚的也不是什么大钱，把家里的钱和摊位的钱放在一起开销还省事。他们看每天账上都有钱，一会儿拿出来交个家里的水电费，一会儿付个快递费，再买些菜回家……时间一长，店里的钱和家里的钱算不清了，就等到年底再统一来清算。比如：一年摆摊的收入是 10 万元，总开支是 6 万元，还剩下 4 万元，摊主就会觉得自己赚钱了。当他开始细想，这一年中有没有从家里拿钱，卖什么东西赚的钱多，从摊位拿了多少钱花到家里，却一问三不知。而这 4 万元也有可能是从家里拿出来的贴补钱。对自己小摊的真实营收一无所知，就不利于做经营计划和决策。

利润计算的公式很简单，即总收入 – 总支出 = 利润，不过只有数据来自同一个账目，结果才是正确的，利润数据才有可参考性。如果从摊上赚到的钱，贴补了家用，你也要做一个划分的动作。现在的支付 App 里都有可以自定义的账本，你完全可以用起来。

2 细化摊位账目分类

一个小摊上的账目也要做好账目分类，像固定设备、变动设备的账目也要分清。做生意要注意两个科目：一个是固定支出，包括经营带来的各项支出；另外一个叫变动支出，就是销售产生的费用支出，比如说摊上用的食材、物流、打包袋等的费用。而这些费用是会随着销量增加而上涨的。对不同的科目，你要采用不同的管理方法。

第一个，固定支出

管理固定支出时，你要将固定支出平摊到月。固定支出分为两种，一种是对硬件设备的投资，另外一种就是经营过程中不断产生的固定支出。

投资硬件设备，就是为了获得摆摊时可以反复使用的固定设备，比如摆摊车、冷藏柜。因此，这项支出的分摊方法就是，一个设备能用多久就分摊多久，先到年再到月。比如，为了保鲜，你买了一个二手冷藏柜，花了 5000 元，预计要用 2 年，每年就分摊 2500 元，再分摊到 12 个月，每个月大概分摊 200 元。那么每个月计算营业收入时，你就要覆盖这个成本。

为什么要这么分？这是为了避免让自己的经营"前紧后松"，避免让自己对利润管理产生错觉。摆摊前期也是生意还不稳定的时候，要是你着急先回收这些投资成本，这反而会放慢你上手的速度。你想啊，假如你口袋里只剩下 100 元，可离发工资还有一个星期，你肯定会想办法省着花钱。反之，工资一到手，你就会想着怎样花掉它。做生意也是一个道理，资金一紧张，你在经营上就容易过于谨慎，对能卖的商品也会克制地进货，这就会损害口碑。而等一旦前期投入成本回收后，利润看着好像一下子多起来，这钱一多你就会想多花钱，会因此产生很多不必要的开支。

只要你在做生意，就会产生固定支出，比如摊租、物流费用、水电费用等，这些费用也一定要按月计算。如果后续招了员工，人工成本以及你自己的工资都要放到这个科目里。这些费用在哪月产生就划分到哪个月。把固定费用分摊到月，是在管理好自己的预期。没钱不手紧，有钱不手松。

第二个，变动支出

变动支出是会随着销售的增长而增加的，比如，销售量大了，食材的采买量就跟着涨了，而对应的耗材也随之增加，比如购物袋、打包胶带、一次性打包盒等都属于耗材。随着耗材使用量的增加，你可以再谈耗材的采买价，比如一次性打包盒，你买一箱和两箱，其价格就会有差异。或者有些耗材是通过快递寄过来的，那么你可以和快递公司谈一个优惠价。

固定支出和变动支出算出来后，你可以再算出每一天的支出，推算出每天的营业额计划，根据每天的销售情况从摊上的支出计划中预留出进货的资金。普通食品的备货周期不要超过 2 天，生鲜食品的备货周期不超过 1 天，服装饰品等商品虽说不容易坏，但备货周期也不要超过 15 天，常用耗材的备货周期也不要超过 15 天。

你可以做一些简化报表，如表 1-1 所示，来计算支出。在一张表里你要能看到收入、支出的呈现状况，到底赚没赚到钱。现在线上支付都可以生成对应的账本，你可以把收入放在最上面。你主要先统计几个渠道的营业收入，线上渠道和线下渠道。营业外的收入，比如卖纸皮的收入都可以被计算进来。支出，就是把固定支出统计一下，再加上一个变动支出，再列出一个叫临时支出的类目即可。这样，一个最简单、实用的报表就做好了。如果将时间线分解到日，你还可以看出周末和平时的销售区别，这就能让你很好地备货。

表 1-1　简化报表示意图

类目	第二季度			
	4 月	5 月	6 月	总计
营业收入（线上渠道）				
营业收入（线下渠道）				
固定支出				
变动支出				
临时支出				

账目按月进行一次清算就好，总收入和总支出相减后，你就能知道这个小摊一个月赚了多少钱或者亏损了多少钱。

3 盘活现金流用零存整取

要盘活现金流，保持现金流的稳定性，你需要掌握两种方式。一种是零存整取，一种就是专款专用。零存整取就是指，每天固定将一部分营业收入存下来。初期，你可以把比例设定在 15% 左右，随着生意趋于稳定，这一比例可以每三个月上涨 2% ~ 3%。因为这个比例的资金，经营时挤挤成本也就有了，又不会影响整体的运作开支。这一做法带来的收入慢慢就会变得很可观。

那这些被存下的资金怎么用呢？关键就是要学会立项专用。比如可以作为创业基金，专门用于未来开店。

财务管理的第一步就是管好小钱，有了一定的积累后，你才能让钱动起来，才能不断累积创业资金。

小结一下

家摊分离：家里的收支和摊位的收支要分开计算，算清小摊真正的赚钱能力。

细分账目：分摊好固定支出，变动支出会随着销量上升而上涨。

零存整取：每天存一部分营业额，可以每3个月递增存款比例。存下的资金要立项专用，比如可以作为创业基金。

行动挑战：假设你现在要把之前采购的300元的货卖掉，把你要投入的支出都罗列出来，绘制一张简单的报表，营业收入一栏先空着。

摆摊第5关：
怎么花最少的钱买对设备

⇨ 本节通关问题

很多新手特别容易在设备上面花冤枉钱。这一节，我们就来理一理如何花最少的钱买对摆摊用的设备。

你可以根据自己摆摊要卖的商品，选择几种不同的摆摊工具。原则就一个：省钱。你不要着急买全新的工具，能就地取材的就不要花钱买，能废物利用的就用上，能淘二手的就别买新的，甚至还可以试验改造。这是因为在摆摊的前三个月，变动会比较多，很容易花冤枉钱。你卖的商品有可能会变，摆摊的位置也可能不合适。如果设备投入太大，你调整时就容易亏损。

一般来说，在摆摊初期，你可以采取如下几种省钱方案。

1 就地取材，能用原装箱就不买新的

如果你摆摊卖生鲜蔬菜和水果，用泡沫箱和周转筐就最合适

了。周转筐可以直接叠放。很多开了店的人也都在用它，"钱大妈"就会在门店里的一角把配送来的整筐白萝卜叠起来做促销，省事还有氛围。

如果你摆的是水果摊，更要用水果原装箱。要注意，对于易损耗的水果，比如葡萄，可以用 10 厘米高的扁平筐装，避免两层叠压产生掉粒。同时，为了展示新鲜葡萄，你可以在一个折叠小铁架上装几个 S 形的钩把葡萄挂起来。这些工具在 1688 上的批发价格都不高。把葡萄挂起来，不仅能让葡萄显得新鲜，也为了便于顾客观察葡萄是否新鲜。这个水果特性在小马宋营销公司给苏阁鲜果茶设计的广告口号"提起摇一摇，不掉才是好葡萄"中体现得淋漓尽致。你在小摊上也可以在纸板上写个相似的口号，一定要突出"鲜"字，这才是最吸引人的，比如"早上摘，现在卖"。

2 少而小的商品，选易移动低成本的设备

如果商品少且需要展示，你可以上二手网淘一些小型设备。比如卖发饰，成本最小的投入设备可以是一把摆摊雨伞，大约二三十元的成本，你可以把发饰全夹在雨伞上，你走到哪里，摊就摆到哪里。这特别适合没有固定摊位的小摊主，还能测试一下在哪里摆摊流量大。

同样是卖发饰，如果你有固定且稳定的夜市摊位，摊位面积也比较大，那么你就可以用折叠桌摆摊，再用不同颜色的小方篮

装商品。你一定要统一小方篮的规格，颜色可以不统一。这是因为用不一样规格的小方篮，会导致收摊时叠放不方便，而且还会浪费桌上的空间。

一个分类对应的就是顾客的一个需求，因此同类商品要陈列在一起。比如可以按照不同价格及颜色整理发饰，放入不同的方篮。这样顾客比较方便挑选，不同颜色的发饰也不容易混在一起，还方便整理。

而如果你的夜市摊位位置稳定但空间位置不大，而且灯光也比较暗，就可以去线上淘一款二手的带轮子的饰品摆摊车。一定要淘那种带灯的。发饰好不好看，在很大程度上和灯光有直接关系。

此处介绍一个反向营销的观察。很多卖饰品和女士包的摊主会在摊上贴出"禁止拍照，后果自负"的告示贴。可实际上，即使你拍照，他们也不会非常强硬地阻止你。后来，一个服装店的老板和我说，这其实是一种营销方式。顾客最在意服装、饰品、包等商品的款式稀缺性，而摊主只要加上这几个字，就传递了自家商品具有独特性和原创性的信息，也就能吸引真正对这些商品感兴趣的顾客。

3 摆小吃摊的前三月，设备买二手的

小吃摊的餐车是最容易踩坑和多投入的设备。千万不要在还没有开始摆摊的时候，就花大钱买全新的餐车。

第一个坑是为没有必要的花里胡哨的装饰多花钱。很多餐车会装特别多的灯。每一个灯都是成本，更关键的是费电。举个老手摆摊的例子：餐车上装亮一点的灯箱就可以了，下面的灯箱可以装灯，但亮度不能比招牌上的大，下面的灯不开也可以。远处的人看不见这个灯，人走近了，这个灯还晃眼，而且在你摊前的人一多，就把这个灯挡住了，这样下面的灯就很浪费钱了。

第二个坑是尺寸不对。初期尝试摆摊时，你还不知道什么小吃好卖，不确定是否需要改项目或者新增项目。按单一尺寸购买的餐车上的操作台就有可能不够大。我认识的一位卖糯米饭的摊主在摆摊 8 个月后加入了烤肉串的项目，幸好原来的餐车预留了加宽的位置，才没有被淘汰。原来长 1.8 米的餐车，在两边各加了 30 厘米的折叠页后，长度就变成了 2.4 米，刚好符合新增项目的要求。

刚摆小吃摊时，你可以先上二手摊淘一个餐车用起来，找到手感了，再把餐车拿到二手网上卖掉，去定做更适合自己的餐车。你可能会问："可以买个新的，后续不用了再把它放到线上卖掉，不是也一样吗？"不一样。第一，你舍不得卖，毕竟花了这么多钱了；第二，只要是二手商品，价格就会比新品低一半以上。

第三个坑是在设计上多花钱。你要把品类名放在招牌上的最大、最为突出的位置。比如卤味就是卤味，不要写什么百年匠心卤料。在一众的小吃里面，只有品类才能吸引顾客的注意力。设计小吃的招牌时就得遵守一个原则：字要少而大，颜色要亮。

摊位上卖的如果是食品，那么招牌上的图片一定要能激起顾客的食欲。设计图片也要遵循两个原则。第一个原则是，多不如少，要放大图片。比如，图片上印一堆在一起的臭豆腐块，不如印一块放大了的臭豆腐。一切从简，一目了然。第二个原则是，动态展示，刺激嗅觉记忆。比如，你费尽心思设计出来的臭豆腐旁边有花和餐具的图片，远不如一块热气腾腾的还被咬了一口滴出汤汁的臭豆腐的图片吸引人。看到后者，人们仿佛都能闻到臭豆腐的香味，还能想到臭豆腐的香辣口味。

4 旧物利用和动手改造

如果你是在地铁口旁边摆摊，要移动经营，就可以用野营小车，上面放一块折叠板，用两个硬一点的纸箱把小车垫高，方便移动还能往箱子里存放物料。将车拉到通勤上班人的集中区，比如在一线城市的工作区和学校附近的地铁口，你就可以销售三明治或饭团这类比较适合顾客在上班或者上学的路上吃的食物。

摆摊初期，你可以搜罗一下家里的防潮垫和儿童垫，能用上的就用上。我在一个公园里，就看到过一位卖沙滩小玩具的摊主，把防潮垫的四个角和两个边对称地缝上手拉绳，其中有一个角的绳子留得比较长，只要抓住绳子，用最长的绳子一绕，就可以快速整理好摊位了。出摊时，他只要再解开绳子，把小玩具摆整齐就好，这样也方便他随时把摊移到人多的地方。

最小化改造的摆摊方法，就是利用自己的电动车后座。像流行过一段时间的棒冰，就可以用改造过的外卖保温箱储存，把保温箱绑到电动车后座上，就可以直接骑着电动车开摊了。我们小区里有一位卖海鲜的大姐，也是直接就在电动车后面捆一个大号整理箱，再加两根氧气棒，就开始卖明虾了。因为售卖海鲜时保鲜难度大，销售的最佳时间就是 3～5 小时，否则多死几只虾这一天的利润基本就得赔光了，因此摊主就得不断地去找人，而不能等人。那改造电动车还有什么其他方法吗？我在"哔哩哔哩"上看到一位博主分享了烤肠车的最小化改造方法，既解决了自己的出行问题，又能把所有摆摊的物料及摊位本身全部放在一辆车上。很多网友都评论道，这样的摆摊车好酷。

小结一下

淘二手：新手摆摊，千万不要着急花大价钱买新设备。

就地取材：尽量用原装箱。

动手改造：改造防潮垫和电动车，方便快速收摊和移动。

行动挑战：试着拿一块野餐布，把选好的商品定好价，在最近的公园里卖出去，总时长不低于两小时。谨记，不要投入新的设备，重点是先做初步尝试，然后试着填好财务报表。记得，不要觉得钱少就不记，现在记账的目的是累积技能。

摆摊第6关：
要进多少货才能不浪费

本节通关问题

确定好要摆什么摊后，你就要琢磨怎样能下对订单。所谓的下对订单是指，出摊时，当天商品既够卖，又不因库存过大产生损耗。

一般来说下单量会受四大因素影响：天气、商品品质及价格波动、出摊时间、风俗习惯及节假日。而下单就是一天生意的开始，下对单能让你少压货，少损耗。

1 下单考虑的第一因素就是天气

天气可以被分成四个类型：天气好、雨不大但后面几天可能下大雨、雨过天晴、恶劣天气。下面以一个卖菜摊为例，具体说明如何看天气下单。

如果天气好，适合出摊，这时顾客对购买青菜的热情往往会更高，你应当尽量多选几种青菜。此时，你不要把时令性蔬菜的价格定得太低，进货量也不要太大。这是因为天气好，摆摊的竞争对手也会多，他们可能会联合起来找你麻烦。你可以主推相对常见的蔬菜，比如菠菜，也可以通过送葱来多卖菠菜。

如果有雨却不大，但后面几天都有可能下大雨，这时，你要多选一些胡萝卜和大白菜等耐储存的菜，因为之后几天出来买菜的顾客也会减少。

下雨时，会有一茬叶子菜快速生长，菜农就会加速集中采摘，因此雨过天晴时，叶子菜的价格普遍会下降，但口感并不是很好，这时你反而要卖一些大棚种植的茄果类蔬菜，比如番茄和茄子。其中茄子是极爱"喝水"的蔬菜，大雨过后，茄子的口感反而会比青菜要好。

除了如极端暴雪这样的恶劣天气，还有两种恶劣天气——气温极高和气温极低的天气，也会影响蔬菜的售卖。气温极高时更容易产生商品损耗，这时你应该尽量缩短摆摊时间或者借树荫红利来摆摊。譬如你在家长送孩子上学后的返回高峰期于路边树荫下摆摊。老人送孙辈上学之后的时间，正是买菜的高峰期，可这时也正是夏季太阳开始毒辣的时候，人自然会往阴凉处走。

这时，你要突出单品，你可以只卖最常见的两三种瓜果蔬菜。他们只是路过，决策时间短，这时你的商品价格要是比旁边超市的价格再便宜10%左右，就能促进他们快买、快走。第二天，在同样的位置，你再换两三种瓜果蔬菜售卖，就能连续在高温时间做同一批人的生意。如果天气非常冷，那你就参考烤红薯的大姐，给家长温暖，卖生的、熟的都可以展示的农产品，比如你既卖烤红薯，又卖整袋的生红薯，熟的红薯还能当试吃品。

2 根据商品品质及价格波动调整订单量

第一种情况，商品品质不变，进价下降。这时你就要看进价的下降幅度了。如果下降幅度在 10% 左右，订单量可以适当比昨天增加 15%～20%。如果进价下降幅度超过 25%，那你反而要谨慎下单，订单量和昨天持平或者只是略有增加就好。这样即使库存偏大，你也可以做一些低价促销，快速消灭库存。

有人可能会有疑问："为什么降价幅度大反而要谨慎，不多下一点订单，做引流品促销呢？"

这是因为生鲜市场在一个周期里有 10% 价格波动算正常情况，可要是价格下降幅度突然变大，说明这种生鲜商品到了上市的最高峰期，或者当地市场各个渠道一下涌入了过量商品。那么每个销售渠道都在卖这种商品，你卖我也卖，商品不稀奇，那大家就只能拼价格了。而对市场上集中的商品，渠道商为了能够快速出清，大概率会让价格进一步下滑，这时小摊就特别容易亏损。

第二种情况，商品品质不变，进价上涨。同理，这时你也要看上涨的幅度。如果进价小幅度上涨则属正常情况，你可以维持订单量；如果进价上涨幅度太大，那你就要寻找替代品了。

第三种情况，商品品质上升，进价不变。这个情况其实就等于进价变相下调了。面对这种情况时，你反而要多进一些货，将之作为第二天的主推品。这是因为进价不变，很多摊主不一定会选择加量进货做促销。

最后一种情况，商品品质下降，进价不变。如果是商品质量下降到你自己都不想买了的程度，那你就不要进货了，否则不仅商品容易砸在手里，还很可能坏了你的口碑。

3 根据出摊时间下单

我在读小学时，每年放假都会背着冰棍箱卖冰棍，而我每次总能用很短的时间卖出很多的冰棍，我掌握的方法就是抓住出货的关键时间点。在"80后"的童年里，《西游记》或许是重播率最高的电视剧，上午9点开播，这个时候我不会背着冰棍箱去卖冰棍。一是时间太早了，天还不热，大家没有吃冰棍的欲望；二是就算把喉咙喊破，也没法把沉浸在精彩剧情里的小朋友喊出来。我在《西游记》播放完的前15分钟左右，背着冰棍箱跑到批发店里进冰棍，一次进20根左右。只要"你挑着担，我牵着马"的歌一响，我就站在大院里喊："卖冰棍啦，冰冰凉凉的冰棍。"这时，我就能看到好多手拿毛票的孩子冲出来了。

那时，下午2点30分，电视台经常播放《新白娘子传奇》。我会选在1点半到1点45分到几栋"独生子女楼"去再卖一次冰棍，这次我大概会备30根冰棍，比上午多50%。一是因为天气热，二是因为我所在的地方，大人一般离工作单位很近，中午都要回家吃饭。这时大人们刚好起床要准备去上下午的班了，你叫卖冰棍，小孩就会喊爸妈买冰棍。而一般家长看孩子一个人在家，都会舍得给他们买根冰棍吃。2 点 30 分后我就不喊了，"千年等一回，等一回啊哈"的歌一响起，就喊不动他们了。

如果，附近要办一个演出活动，来的人会非常多，那么你就将演出前 30 分钟到演出结束后 15 分钟做为你的经营时间范围。而此时客流量也会比较集中，你就可以比平时多进 30%～50% 的货。

4 风俗习惯及节假日的影响

如果你的商品有很强的节日属性，或者是有时令性的，就要注意销售波峰波谷带来的订单量变化。举个例子，湖南省一带的人有吃立夏粥的习惯。这时候，糯米粉、青豆、豆芽等一些食材的需求量会在短时间内迅速提高，其中糯米粉非常好卖，有一些摊位在立夏前一天就能卖 20 斤。可往往这个数据会有误导性，如果你根据前一天的销售再下单订很多的糯米粉，商品往往就容易砸在手里。这是因为立夏粥是在早上煮，在中午吃的，材料往往在前一天就要买好。因此立夏当天最好不卖糯米粉，可以只卖一款豆芽或者青豆，再把价格降下来，在早市上卖即可。

还有卖春联这一类有非常强的年节特征的商品时，要根据整个销售期的情况来下订单。从除夕的前两周开始倒计时，根据天气预报扣除极端天气天数得出销售期，再根据可出摊的天数来进货，不要贪多，要不一过年节，这类商品就不好卖了。以春节前一天的收摊时间为例，早上你可以在最繁华的菜市场门口位置摆摊，负责买家里年节装饰的群体也大都负责买家里的菜，晚上你则可以去热闹的夜市上摆摊。

假设天气一直不错，你摆摊的位置也不错，可先用 9.9 元的有可爱生肖动物的商品来引流，比如静电贴和毛绒玩具。这时大部分顾客还没有买对联的紧迫感，会对价格敏感度更高。然后在除夕前一周，你可以慢慢开始推荐大对联和贵的饰品。不过要注意，如果是生肖大年，比如龙年，你可以多进一些有龙图案的挂饰和对联，人们在传统观念里对龙特别看重，仪式感就会更重一些。如果是像蛇年这样仪式感没有那么重的年份，你就多进一些通用性高且不带生肖图案的年节饰品。这里要提醒一句，千万不要以为这些商品可以留到第二年再卖，一定要在春节前一天把这些商品全部甩掉。现在年画这一类商品，年年都有新款出现，而且带墨水的春联在南方特别容易因受潮而造成损耗。

下订单是所有生意的开端。有货卖且无库存积压，是下对订单最有效的证明。

小结一下

影响订单量的因素：天气、商品品质及价格波动、出摊时间、风俗习惯及节假日。

顺势而为：小摊难有主动权，那就顺天、顺时、顺势赚钱。

有舍有得：宁可少卖一天，不要多压库存。

行动挑战：根据前一环节的进货量，和自己的摆摊时长，总结自己进货量的问题在哪里。试着修正一下订单数量，然后再去同一个地方出一次摊。

摆摊第7关：
怎么才能找到稳定的好摊位

本节通关问题

通关到这里，你肯定信心满满地要大干一场了。如果你不在统一管理的夜市里摆摊，而摆的是流动摊，那么你大概率还会碰到店主不让你摆摊、早到的摊主占了你的位置等问题。这一节我们就来看看如何应对这些突发状况。

俗话说：前人的经验，后人的阶梯。避开上述问题最有效的做法就是借鉴别人的经验。巧了，在我深度跟进采访的几位摊主中，有一位在广州摆摊的摊主小杨，在摆摊半年不到的时间里，被迫换了 5 个摆摊点。经过他的同意，我把他的这些经验总结分享出来，给后来想摆摊创业的你做个参考。

先来介绍一下小杨。我是在广州出差时无意间刷同城短视频时认识他的；通过短视频给小杨发了私信，要了他摊位具体的位置。我关注了他几天，天天被他的短视频种草，我就忍不住到他的摊位上买了一个饭团。一口下去，糯米的香甜和肉渣的脆爽瞬间在我的口腔爆发，真香。我边吃饭团，小杨边和我聊起了他的经历。

小杨一度算是在餐饮业创业成功的。可是因为疫情，再加上他卖的是竞争越来越激烈的比萨，他的生意就亏本了。生意亏本后，他就和女友一起前往广州摆摊。一开始，小杨也不知道要卖些什么，就做了一圈的调研，考察了很多品类，比如手打柠檬茶、麻辣烫、炸串、炒粉、炒面等。

那他为什么最后选择了糯米饭团？因为糯米饭团是小杨老家贵州的一种特色美食，制作起来也比较简单方便，而且它的利润也比较可观，最主要的是它出餐快。毕竟摆摊的黄金销售时间就是 6 点到 8 点之间，今天能赚多少钱，取决于 6 点到 8 点之间的出餐速度。小杨还和我说，饭团价格定在 8 元一个，人们用比较便宜的价格就能吃到一餐，这也就减少了顾客的决策时间。这样，小杨就能在短时间内卖出更多饭团。

糯米饭团还有个优点，这个单品的用户基础比较深厚，也符合"米面粥是中国人离不开的主食"这个大原则。因此，小杨才确认选择贵州的特色糯米饭团作为主营品。事实证明，小杨的选择是对的。最后，我还问他："为什么想着用摆摊来重新创业？"他说自己还没有从创业失败中缓过劲来，又不甘心就此放弃创业，就选择了摆摊创业项目，这是最小化成本的试错，就算自己再次失败也可以再尝试新项目。而他也觉得，就算是摆摊，自己也一样有机会把它做大。可没想到，这满满的创业激情，在摆摊的第一天就被浇了一盆冷水。

1 摆摊初期成交差怎么办

小杨和我说，他花钱租了他的第一个摊位，这个摊位挨着地铁口旁边的十字路口。虽然这里看起来人来人往的，可出摊后他发现根本就不产生成交，他的生意很不好。主要有几个原因：第一，摊位很容易被经过的车遮挡；第二，因为地处地铁口附近，所以只要一到上午 10 点，附近基本上就没人路过了。小杨说，在那一段时间里，他做一桶糯米饭，一天连半桶都卖不出去。

没办法，他又花钱找了第二个摊位，这个位置更靠近地铁口，价格很贵，他以为成功的希望很大。可没想到，路太宽了，虽然附近的人多，但是经过摊位的人很少。周围人看着很多，可都在摊位对面，就算有人能看见摊位，也因为马路太宽、着急去上班根本不愿意走过来。

就在这个地铁口附近，他们又搬动到了第三个摊位。马路太宽，从地铁口出来的人走得又都很急，因此他们就搬到地铁口前方一个辅路交叉的位置。当时他们之所以选择这里，是因为觉得这样两边的客流他们就都能服务到了。但事实上，人们从地铁口出来后，就沿着主路匆匆过去了，压根不会看辅路这边的摊位。而从辅路出来的人又比较少，再加上这些人本来就着急上班，要来光顾小摊还得拐一下，小杨的生意反而更差了。当然，小杨说他也收集了用户的反馈，发现自己卖的糯米饭团在广州人看来不太适合在早上吃，不太好消化。小杨后来总结下来，发现客流量并不等于商业流量，摆摊不能单纯看周围人多不多，毕竟他们可能根本就不是你的顾客。

没有办法，小杨又开始找第四个摊位了。

2 摆摊初期被店主赶怎么办

这次小杨总结了前几次的经验，决定还是得在晚上出摊，做晚饭和夜宵，而且还得在热闹的街区找摊位。后来他们经过老乡介绍，在夜市街区摆摊，也是要交摊位费的，好在客流还不错。开始摆摊后的前两天，他们的生意也真的很好，日营业额从原来的 800 元上升到了 2000 元。这可把小杨高兴坏了。没想到，这样稳稳出摊的日子没过几天，小杨就被投诉了。投诉他的是摊位后面门店的店主，投诉原因是小杨的摊位挡了他的门面。本来小杨想着自己可以加一些摊位费，但无论小杨怎么说，对方都不肯让小杨继续在这里摆摊。

让小杨疑惑的是，这条街店面的间隔都挺大的，他的摊位架在两个店面的中间，怎么样也不至于挡住门面啊。后来他打听了一下，发现原因主要是自己除了做饭团又加了一个印度尼西亚烤串的新项目，而摊位后面就是一家烧烤店，他们之间就有了直接竞争了。再加上小杨家的烤串很有特色，价格也很实惠，10 元有 3 大串，店主看他们生意不错，也抢走了一些顾客，才想尽一切办法把小杨赶走。

这次小杨真的有点郁闷了，觉得自己刚摸到了门道，不明白为什么又得挪摊位了。这时，他女朋友劝他说："这不等于又多了一次升级的经验嘛，要在别人门口摆摊，就得和别人建立合作关系。我们目前选对了时间，饭团也很受老顾客欢迎，也选对了街道。想让摊位摆得长久，就努力找业态互补门店，他们最好还能给门店带来增量。"最后，他们在一家麻辣烫和猪杂粉店中间找到了位置。一到晚上，这两家门店就有很多顾客，小杨他们摆摊的生意也好了很多。

小杨和我说："摆摊就是要注意人情细节。在人家门口摆摊，一定要把卫生收拾干净，也可以顺手帮忙收拾一下店门口的卫生，维护好和店里的关系。像在广州摆摊经常要对抗多雨的天气，而且容易遇到暴雨，如果你维护好了和商户的关系，店主还能让你避避雨。"

小杨和我说："如果以后自己开店，别人在店门口和自己摆同品类的摊位，自己也不会高兴的。要是有人摆摊卖和自己店里的商品互补的商品，反而会带来更大的增量。"小杨这商业悟性也确实是好。

小结一下

找到商流：人多不代表就能产生销售，缩短顾客交易流程才有交易量。

主动合作：在别人店门口摆摊，要和门店形成互补增量。

行动挑战：总结复盘两次的摆摊经历，看现有摊位是否适合你的项目。如果适合，接下来你该如何提升？如果不适合，接下来你打算再前往哪个商圈测试一下？然后试着再总结，再测试，直到找到适合的位置。你可以一直采取最小化的测试方式，不要着急投入固定设备，否则不利于你的移动。

摆摊第8关：
怎么找到生意好的菜市场摆摊

➪ 本节通关问题

如何找到一个良好的生态圈，比如菜市场、购物商城，还有加油站？毕竟有些摊位只有在一个良性的生态圈中才有生存机会，而你要让自己的生意更好地融入这个生态圈，并成为这个生态圈的增量。

我在我的得到课程"黄碧云的小店创业课"的后台留言中，看到很多人问如何在特殊商圈开店，他们有在校园里、农贸市场里、写字楼里开店的，还有在单位食堂附近开店的。

这些商圈服务的群体虽然看起来不一样，但按特定模式简化后却是相同的，这一模式叫二次客流量转换。它的意思是，到这个菜市场周边商圈买东西的人的多少，由这个商圈里的固定消费群体或者有同种需求的消费群体的大小决定。这一类消费群体越大，转换到摊上或店里消费的人才会越多。采用这种经营方式的最典型例子就是加油站里的便利店——只有来加油的人多，到加油站便利店里消费的人才会越多。

如果你想在菜市场里摆摊，就先要考察这个菜市场的交易活跃度和经营能力，再考虑如何切入合适的项目。

判断菜市场优质与否有以下几个参考重点。

1 菜市场类型及客流

要在菜市场旁边摆临时摊，就要了解菜市场的类型。按服务居民范围、主营商品来分，菜市场可以被分为中心综合型菜市场、小区型菜市场、主打品类菜市场、海产品专卖菜市场。一般来说，尽量选择生意好的中心综合型菜市场。

可以根据两个标准判断菜市场的生意好不好：第一个标准是周边的居民分布，最核心的数据是周边小区的大致入住情况。有些小区里的户型以二居室、三居室为主，那么家中有两代人以上的家庭就多，这类家庭在家做饭概率大，菜市场的消费群体就大。你打开手机定位，通过地图软件定位就能看到居民区的大致情况。菜市场里卖活鲜水产、猪肉、蔬菜的摊位占比高，说明附近居民对新鲜食材的要求更高，也就代表消费的频率更高。这样一来，菜市场的客流会更大，生意就不会太差。

第二个标准是菜市场非高峰时段的客流。菜市场最主要的营业时间在早上9点前，另外在中午前和近傍晚往往各有一小波客流。摆在菜市场周边的小摊，是最受菜市场高峰时段客流影响的。当然，除了要做好高峰时段的销售，你还要注意一下非高峰时段的客流，毕竟摆摊就是要随着客流走。比如卤味摊，高峰时段可以卖，低峰时段也可以卖；就算高峰时段后剩下一些库存，也不怕卖不掉。

2 同城短视频活跃度

在一个菜市场里摆摊，要卖什么商品呢？你可以打开短视频平台，选择同城短视频，看这个菜市场里哪个品类商品的相关视频在快手、抖音还有视频号上最活跃，就可以卖同类别而不一样或相关联的商品。比如，卤味的相关视频最活跃，别人卖肉类卤味，你就可以选择卖卤凉菜类的商品。

这是因为，视频活跃度高代表这个商品是菜市场里的目标性品类商品，慕名而来的人也多。短视频平台定位对应的同城客群是比较精准的，用户数量也多，这就意味着菜市场的客流量会大。

举一个真实的案例：

在江苏连云港洪门农贸市场，有个卤味一条街，其中有几家卤味店有了一些规模，经营品种重叠度高。如果还像原来那样等着顾客来，抢同一批顾客，那大家的生意都不会好。后来，他们几家店商量结成联盟，每家店先梳理了自己的拳头商品，区分开来卖，比如你家主卖卤鸡，我家主卖卤猪耳朵，然后一起在网上发布相同位置的短视频。他们在短视频里都会强调店铺在哪里，一起吸引更多的人，这样因为有连带效应，大家的生意都不会差——顾客买了卤猪耳，可以再买点儿卤鸡腿。这种模式比原来那种单打独斗，还时不时为抢客吵架的模式好多了。

用同样的思路，这个菜市场广场旁边的区域还被打造成了小吃一条街，也在线上出圈了，吸引了很多人。

3 广场生态

想依托菜市场做生意，你还要看一个非常重要的衡量标准，就是菜市场外的广场生态。白天，广场上会因为菜市场的存在而停着很多电动车。停车越规范，说明菜市场的管理越好。到了晚上，可以看广场上的三样事物：广场舞、灯光、小摊贩的多样性。如果广场晚上能吸引人跳广场舞，说明广场卫生搞得很快而且干净。灯光到位，说明这里对摊贩持支持的态度。而如果摊贩售卖的商品种类越丰富，就说明针对菜市场的支持政策越好。

你还可以看广场周边一圈的店摊租金涨幅比。菜市场是民生工程，一般来说租金 5 年内是没有涨幅或涨幅很小的。如果某一类菜市场里店面及摊位的租金涨幅都很大，你就尽量不要长租摊位，可以临时租。但如果店租金涨幅比摊租金涨幅要大，店铺却仍然有不错的生意，那么对这个菜市场里的摊位就可以做长租的打算。

为什么呢？因为这体现的是菜市场背后的运营管理能力。摊租金不涨，就能吸引售卖更多样的时令菜品以及多种类商品的摊主进入菜市场，丰富整个菜市场经营生态。而店租金涨还有人愿意租店铺，说明菜市场有能力给店铺导入更多的流量。比如菜市场只需要被运营好、热闹起来，其店面生意就不会太差，扩建广场，就会牺牲一些经营面积，那么要保障市场总体的收益，店租金就得涨一些。可涨了租金，菜市场就得让商户的生意更好，因为相比于租金的增长，商户更在意的是租金涨后自己还能不能赚到钱，市场管理者就需要想办法提升客流量，这样就形成了一个正增长的循环。

虽然经营菜市场看着没有经营购物中心那么高大上，但实际上采用的都是同一个经营思维，都是要建立良好的生态。如果想在菜市场附近做生意，你可以参考以上三点，选择加入更好的菜市场生态圈。**融入生态圈的人往往比单打独斗的人活得久。**

小结一下

看菜市场类型及客流：优先选中心综合型菜市场，最好是售卖活鲜水产、肉、菜占比高的菜市场。

看同城短视频活跃度：线上同城短视频的活跃度越高，客流越多。

看广场生态：早看广场停车规范，晚看广场热闹程度。

行动挑战：如果你的项目很适合在当地菜市场里开展，那你可以试着根据以上三点，找到合适的菜市场。

摆摊第9关：
怎么摆货才能让摊上看起来不乱

本节通关问题

如何用陈列提升销量？零售行业有一句话：好陈列等于好销售。这句话的意思是做好商品陈列，即使其他的什么也不做，销量也能得到提升。

在一个小摊的方寸之中，只有想好怎么陈列商品，才能更有效地提升销售额。其做法总结起来就是三个陈列技巧、两大陈列原则。它们很容易上手，也能让你摊位上的商品更吸引消费者，卖得更多。

1 依顾客视觉习惯

总体而言，陈列要顺应顾客的视觉习惯。大部分人是习惯向右边看的。一个小摊展现在流动顾客眼中的时间很短，因此你要把最有价格优势且需求量大的商品放在顾客的右边。比如水果摊上，橘子最有价格优势，你就把橘子的陈列位置扩大并设置在顾客的右边，记得一定要把价签放大。

同样是依顾客视觉习惯，你可以按商品的个头大小和形状来陈列商品。一般个头越大的商品越往里放，这样可以避免大个头的商品挡住小个头的商品。从里往外按从大到小的顺序放置商品，从顾客的视角出发，小的商品离顾客比较近，看起来会比较大；大的商品离顾客比较远，看起来会比较小，排列效果总体比较协调、整齐。按形状相似来陈列，就是尽量将圆形的商品和偏圆形的商品陈列在一起，将长形的、矩形的商品陈列在一起。这样陈列的商品从远处看就会显得比较整齐，最重要的是这样能节省空间。

2 颜色搭配提升吸引力

如果摊上商品的颜色超过三种，你可以用两种陈列方法来提升视觉效果。一是按商品颜色由浅到深陈列；二是将颜色有很强反差效果的商品陈列在一起，比如黑配白、紫配黄、红配绿等，这能对视觉产生较强的冲击力。

按照反差色陈列的商品，除了好看，还有利于管理。比如超市在两款红苹果中间陈列一款绿色苹果，就是为了让两款红苹果不卖混。另外，红色和橙色是最能刺激食欲的颜色，因此你在摆摊时，可以将相关商品的陈列区域扩大。要提升视觉美感，你还可以加一些绿色叶子，使商品看起来更新鲜。

3 三个陈列技巧：营造新鲜、受欢迎的感觉

如何让摊上卖的商品看起来很新鲜和受欢迎？有三个陈列技巧。

第一个技巧是不要把商品摆得太整齐。商品摆得太整齐会让人觉得你的商品没有人买，顾客也不敢动手挑选，这样会影响销量；可是把商品摆得太乱也不行，会显得很廉价，也会让顾客觉得这些商品是别人挑剩下的。最好有一半商品像被人挑选过的，另一半是摆放整齐的，这样就算摊前没有人，商品看起来也像有人刚买过。你可以边整理乱的商品，边招呼过路的顾客。

第二个技巧是小吃摊要有热气。早餐店为什么都把蒸笼放在门口？就是为了用蒸包子时升腾的蒸汽，告诉在大老远不知道早餐吃什么的你：这包子热乎的，好吃着呢。

第三个技巧是展现商品新鲜度。展示商品不同的切面，像柚子、西瓜等，露出果肉就会让人感觉更甜、更新鲜。想吸引顾客的注意力，你还可以给水果包上保鲜膜，贴上笑脸的表情包贴纸。另外，口味和常见品种有反差的食品，一定要请顾客试吃。比如一度特别流行的脆蜜金橘，就改良了原来小金橘皮苦涩的口感，顾客要是不试吃就不会知道这一点。

4 两大陈列原则

除了前面提到三个简单易上手的技巧，陈列时还有两大原则要遵守。

第一，货卖堆山。古时，经营能力很强的晋商就提到了一点：想要生意好，就要把商品堆得像山一样。一是为了展示实力，二是为了让人觉得货品新鲜，三是为了增强视觉冲击力。但需要注意，这并不是让你真的进很多货，把商品堆得高高的。万一货卖不动，损失就大了。你可以善用假底，提高陈列饱满度。一般可以选择用建材市场中的防火泡沫板垫底，还可以用空的包装箱垫底。

第二，安全第一。对玻璃、陶瓷或西瓜等商品要多加注意，不要让它们掉到地上。不管陈列什么，你都可以借助箱子。你可以在进货时就多留几个比较好看的硬纸箱。装瓜的纸箱就很好用。为了降低长途运输中的损耗，装瓜的箱子一般都制作得比较厚和硬。而且其上的彩色图案，本身也能给陈列增添亮点。具体的做法是，把打底箱子的"耳朵"按压进箱子里，然后把箱子和箱子拼接组合成方格阵。摆上第一层瓜，第二层瓜放在第一层的瓜和瓜之间的位置上。这样陈列效果会既丰满又有层次感。因为瓜是交叉叠放的，所以还特别安全。而且椭圆形的瓜，可躺可立，想要摆放得更加安全，你可以再围一圈捆扎好的护栏。陶瓷杯子也可以按这种方式陈列。

在一个小摊上陈列商品，就像在螺蛳壳里做道场。要在做好陈列的基础上额外增加销售，你可以采用一拖三关联陈列：一个主商品，周围可以摆三个相关联的商品，它们既可以用来赠送，也可以用来加价换购。比如：长沙的一些小龙虾及鱼杂摊上，一定会搭配着卖紫苏和小龙虾底料；还有卖鞋子的摊上可以搭配卖防臭喷雾、鞋面清洁湿巾等。这些商品都能很好地提升连带销售。

小结一下

好陈列等于好销售：摊越小，越要合理利用摊位。

顺应顾客习惯：依顾客走动和朝右看等习惯陈列商品。

两大陈列原则：要擅用假底，就地取材，保证商品被安全陈列。

行动挑战：试着用两个小的牛皮纸箱陈列水果，目标就是纸箱倾斜30度，商品正面朝外，让路过的人能清晰地看到商品及其价格。

摆摊第10关：
要做哪些动作才能多卖货

⇨ 本节通关技能

卖货的五个步骤：**吸引客流、吸引靠近、互动停留、产生交易、下次再来。**你要了解每一个步骤的有效动作，每一步的转化效率越高，就越能提升总体的交易量。

只要充分了解了每一步，并且从第一步开始转化到最后一步，那么在原则上，你做得越好，你的生意也就越好。我举一个例子。在 2020 年"摆地摊"火了后，我被问到的第一个问题就来自我 7 岁的小儿子。他的问题是："学校要办跳蚤市场，我想卖得最多，怎么办？"你可以试着用以下五个步骤来解答一下他的问题。

第一步 吸引客流

在学校的跳蚤市场里，小朋友们的摊位都在一起，小朋友们既是顾客也是摊主。想做面向他们的生意，商品就要有吸引力，并且摊位还要很有特色。比如：不能动的招牌就不如能动的招牌效果好，用一根衣叉绑上可爱的有熊大、熊二图案的气球，它们就更能吸引小朋友的注意力。老祖宗的智慧就是，要吸引人，就要多吆喝。简单重复的词最有力量——"大本的绘本便宜卖，买两本就抽奖"，我让他在家练习说这句话到脱口而出为止。

关于商品，他选择在跳蚤摊上卖绘本。因为跳蚤市场也会有家长来参加，所以我们要选一个能同时吸引家长和小朋友的商品。那么绘本最合适，而且绘本很大，颜色也很鲜亮，特别显眼。于是，他把家里他已经看过的 25 本绘本带上了。

第二步　吸引靠近

如何吸引更多的人走到摊前？最简单的方法就是让商品正面朝外，并且货卖堆山。你要让距离很远的人清楚地看到你卖的是什么。如果你卖的是包装食品，那么你要掌握以下原则：商品上字最大、图最大、商标最大的部分朝外，在保障安全的前提下尽量把商品叠高。

举个例子，在劳动力输出型的县城里，正月初一到初七"走节"礼品的销售量能占到整个春节"走节"礼品销售量的 40%。随着私家车数量的增多，停车就成了县城超市的难点。某开在社区附近的店就开办了一项服务，叫"不下车也能买"。店家先挑选了几种礼盒摆到门口，这些礼盒满足三个特点：易叠放，实用性强，颜色红、包装大，比如牛奶礼盒和水果礼盒。礼盒均用 50元和 100 元的整数定价。注意，你在这样操作时，一定要把定价标签上字的字号放大以方便计算。

你在操作中要注意的细节就是给门店设置好两个支付专用码，并把它们做成双面牌子，顾客在车上就可以点要哪几个礼盒，员工快速算出金额，出示扫码牌，一手扫码一手交货。当时，这家面积仅为 200 平方米的社区小店，仅初二一天场外的销售额就达到了 8 万元，而当天全店总销售额才不到 10 万元。先吸引人看过来，再吸引人走过来，才能产生更高的成交额。

第三步　互动停留

因为这个跳蚤市场上的小朋友比较多，所以我们得用好玩的活动来吸引顾客注意。我们在摊位上配了一个抽奖箱，顾客买 20 元的商品就可以抽一次奖，100% 中奖。当然奖品也要选对。夏天天气热，冰凉的饮料是最受顾客欢迎的。但学生在学校不能喝饮料，那我们就选低温酸奶，加上冰袋再用保温袋打包好，大人小孩都能喝。我们这时得算一下营销费用。所有绘本按定价卖，能卖出 200 元左右，大家都抽奖的话就是抽 10 次，预计有 50% 的顾客会参加抽奖，那就是要备 5 ~ 6 杯酸奶。小朋友自己也会忍不住喝两杯，因此我们就要备好 8 杯酸奶。为了刺激大家来抽奖，奖品就要有大小差异，那就买 4 大杯和 4 小杯。这样营销费用会占到整体销售额的 15% 左右。考虑到其能促进成交，这个营销费用很划算。

第四步　产生交易

怎么提升转化交易呢？绘本的定价要简单且能让人快速记

住：大的 10 元一本，小的 10 元两本。顾客记住的是 10 元，那就在买一本还是买两本中做选择，容易忽略不买的选项。而采用整数定价，我们就能够快速帮顾客算出买多少本能参加抽奖。到这一步，在这一次跳蚤市场的活动中，我家的孩子就能勇夺全班第一了。

在产生一笔交易的基础上，我们还可以根据不同的品类设计不同的活动，来想办法卖出更多商品。比如买一送一、买赠、换购、买 A 送 B 等方式，目标都是提升客单价。比如陶瓷碗可以买 5 送 1。传统家庭买碗通常一次得买 6 个。尽量不要做单品折价，买一斤大米打五折，就不如买一斤送一斤，买赠容易提高客单价还能加快周转率。如果你卖的是饮料或纸巾，商品好但利润低，你可以改变促销包装，比如用大包装促销，买整箱更便宜，单买 1 件 10 元，买一提 6 件只用 39 元。这样巨大的价格差，往往能让顾客快速做出购买决策。如果商品是饮料或者纸巾，你可以通过老带新——把老品价格放低，让新品的利润高一些，把商品一次一组地卖出去。

你还可以采用满多少元加 1 元换购的方法，这样顾客就能以 1 元换购一个看起来价值很高的商品，比如杯子或者花茶。对此你可能会有疑问："那为什么不直接送呢？"因为如果直接送，顾客就会把注意力放在礼品贵不贵上，而只要让他花 1 元就能换一大包东西，顾客就会觉得很值，就会愿意去凑单购买。这样一次交易，我们就可以卖出更多商品。

第五步　下次再来

只要顾客愿意下次再来，就代表他们愿意帮你宣传。我们在跳蚤市场卖绘本并抽奖送酸奶的办法，就能吸引小朋友相互传播。

那这一办法要怎么迁移到摆摊上呢？要让人愿意下次再来，你就要通过一次交易让他们对你产生信任。

第一，最直接的办法就是买就送。我经常在一个摊位买菜，摊主每次都会按我买的主菜送对应的配菜给我。比如，我买了小龙虾，他就送我紫苏。

第二，说真话。有一个水果摊的摊主，每周末都会在菜市场摆摊。我成为他的老顾客，是基于在他这儿买草莓时彼此建立的信任。他的草莓是按筐卖的，一筐两斤卖49.8元。一般来说，我们在市面上看到的用筐装着卖的草莓，都是经过摊主挑选的。摊主都会把个头大且漂亮的草莓挑出来，放在上面，这样就会造成一种视觉假象，让顾客觉得这一筐的草莓都是又大又红的。但很多顾客买回去打开一看，往往是上面的草莓个头大，下面的草莓个头小。可这位摊主没有这样做。他分别把大、中、小不同个头的草莓分成三类。有人来问他草莓的价格，他会先强调：这草莓是今天早上刚摘的，非常新鲜还很甜，然后再说出价格，并说一筐两斤净果，只多不少。

报价之后他会说，他家的草莓有大有小，可是都很甜。听他这么一说，围在摊位旁的几个人纷纷掏了钱。这个摊主把大小草莓亮出来，避免争论，这样就让顾客把关注点放在了新鲜度和甜度上，直接满足了顾客买草莓的真正需求。顾客临走时，他还说："我每周末都在这个位置卖水果，吃得好了下周再来。"这就让他在无形中累积不少老顾客。

如果你摆的是一个非固定摊，或者做的是流动顾客的生意，那你就要想办法让顾客找到你，尽量争取加上他们的微信，让他们关注你的视频号等社交账号，这样他们有需要时就能找到你。你还可以通过快递和外卖把货送到他们手里，或者自己空闲时送货上门。当然，还有一个办法，就是和顾客玩一把小游戏。有一个在杭州摆摊卖寿司和奶茶的姑娘叫迪儿，她的账号叫迪儿的创业日记。顾客买了寿司，她就和顾客玩石头剪刀布，顾客赢了，迪儿就送奶茶，顾客要是输了，就加她的微信。这就让她累积了第一波的精准顾客。而大多数人只是因为好玩才加了迪儿的微信，却因为看到迪儿短视频中记录的快乐摆摊生活而留了下来。

想多卖货就要有整体的交易结构思维，知道自己的哪个环节要加强。这五步中的每一步都能带来效率提升和更好的结果。

小结一下

吸引客流：更显眼、能动的招牌比不动的招牌吸引人。

吸引靠近：字要大，商品看起来要丰满。

互动停留：选对品，先把人留在摊上，再用有趣的话术和活动把人留下来。

产生交易：提升客单价，鼓励一人多买，打 5 折不如买一送一。

　　下次再来：固定摊，只讲顾客关心的真话，加微信让他找到你。

　　行动挑战：按这五个步骤试着总结一下自己的摆摊收获，看自己做得好的地方和做得不足的地方，来查缺补漏一下。

开摊必备：
摆摊快速上手的12条避坑锦囊

听说过去上山修行的人，学成之后下山之前，都会收到师父的救急锦囊。我针对摆摊初期最容易踩的一些坑，总结了12条摆摊避坑锦囊。开摊前，你可以多看几遍，这样也能少走些弯路。

第一，如果在夜市里的非固定位置摆摊，初期一定要尽早开摊去争取最好的位置。 你可以优先选择客流大的路口附近，但不要选择客人往来频繁的十字路口，因为途经此处的客人往往匆忙赶路，难以被留下。

第二，出摊时间要固定， 否则老顾客来了却没有看到你，你就容易失去一个老顾客，一定要让顾客形成固定心智。同理，你开店后要在每年的固定时间做活动。

第三，正确吸引客流很关键。 过度追求个性化设备是摆摊时容易踩的坑。有些人会为了突显摊位而把摊位布置得花里胡哨，挂上晃眼的五彩灯带，贴上与商品无关的流行标语。这些做法虽能让摊位看着很热闹，却会喧宾夺主，非常容易让顾客视线失焦。小摊的目标群体是只看你的小摊一眼的过路客，他们要是看花眼了就很难对你的小摊产生印象。要吸引顾客的注意力有两招。

一是放大招牌上的品类名称，打出自己的名字或代号。一个品类对应一个需求，比如你卖的是卤味，就不要在招牌上写一大串诸如"老卤香""40种料""骨头都香"的词，否则顾客一眼瞟过来，根本不知道你在卖卤味。你要把卤味两个字放大，在前面加上你的名字或代号。有意思的是，食品摊打出摊主名字的比不加名字的更能获取顾客信任，敢将自己的名字挂上招牌是对自己的品牌有信心的体现，毕竟押上了个人名誉。你想，假如你是老黄，要是你的东西做得难吃，别人说起你的摊位时会这么说："老黄卤味可难吃了。"得到上的课程名前要加老师的名字也是同理，其目的就是让老师为内容负责，提醒老师要对得起自己的名声。**二是让招牌更显眼，可以采用红底白字。**

第四，道具能用旧的就不用新的。一个小摊就是一摊生意，赚的就是"块儿八毛"的小钱。开店亏损的原因之一就是新手店主会过度装修和乱投资设备。因此，初期的摆摊工具一定要从简，能上网淘二手的就用二手的，不要别人一推荐，你就脑子一热开始跟风买设备。淘二手设备还有一个好处，即卖方会将使用细节告诉你。如果买设备的时候你能争取同城线下交易就更好了。三个月后，等你需要拓展品类或决定最终要卖什么后，你可以升级新设备，这时还能再借力做一波宣传活动。

第五，一定要标出价格，这是最大的优势。很多新手摆摊时会在顾客靠近后再报价。可这样，一是会让一部分顾客流失，他们怕问了不买会被摊主甩脸色看；二是顾客为了节约自己的时间成本或许干脆就不问了。把价格标到最显眼的地方可以用低价吸引顾客靠近。比如，我在短视频里看到，一位卖寿司的宝妈把"1元1个的寿司"字样标得很大，这样就能吸引很多人靠近，随后她会推荐一些高单价的单品，也就提升了客单价。再如一度特别流行的神曲"钵钵鸡，一元一串的钵钵鸡"，也是强调用价格吸引顾客。你还要记住，价格一旦定了就不要随意变动。

第六，摆摊一样要特别注意食品卫生安全，一定要办好证。摊主身上，手套、口罩、头套、围裙一样都不能少。挂出所使用的调味料的品牌明细表和食材清洗过程的彩印过塑照片，能提升顾客的信任感。试吃台和试吃盘一定要干净，你可以给它们套上一层食品袋，还要备好牙签和小垃圾桶，方便顾客试吃。

摆摊一样要办证。你要先办健康证。办健康证是为了保证从业人员和服务对象的健康。不管你卖的是什么东西，你都需要这个证。该证件有效期为一年。健康证分两种：一种是普通健康证；另一种是食品健康证，针对的是餐饮行业的从业人士。你带上身份证，去当地的社区医院或者疾控中心就可以办理健康证。

要售卖自制或二次加工的食品，比如臭豆腐、烤串、烤饼、莲子粥、蛋糕、奶茶、炒面、粽子等，你都要先去办小餐饮登记证，再办食品经营许可证。食品经营许可证适用于所有类型的食品，包括小餐饮、包装食品。不过，要申请这个证，你要先申请小餐饮登记证。当然有些地方的政策不同，办证的时候要先了解清楚。

如果你卖的是成品，是包装食品，是无须二次加工的食品，比如瓶装矿泉水、袋装瓜子等，那么你可以向进货商要他们的"三证"复印件，也就是营业执照、食品经营许可证和食品生产许可证。这样万一以后有问题，方便溯源。

第七，摆摊最忌讳的就是开不了口吆喝。不吆喝，货就不可能卖出去。顾客路过摊位的时间很短，就算他看到了你的摊位，你要是不主动叫卖，顾客也可能因为不知道你卖的是什么而不走过来。摊主要编一句顺口的吆喝语，就像前文中的"钵钵鸡，一元一串的钵钵鸡"一样带出自己的主打品，这样就能吸引更多的顾客。在线上直播间里也是一样的，主播那么卖力地叫卖，进行娱乐性表演，就是为了让热情穿过屏幕感染顾客，促使其下单。主播切忌玩手机。别人就算想买直播间里的商品，一看主播在玩手机，也不好意思沟通了。

第八，除了要吆喝，你还要让摊位看起来更有热气和人气。线下的生意越热闹，光顾的人就越多，毕竟人都是有从众心理的。比如冬天卖加热的肉，看着热气腾腾的，就能把人吸引过来。你还要学会控制客流，客流大时你要加快服务速度，客流小时你要稍微放慢手速。此外，你要尽量主动递盘子和夹子给顾客，这其实是一种强指令。

第九，想办法留住老顾客。新手摆摊时会认为顾客买完就走，不会再回头。其实不然，正因为是在摆摊，所以你更要想办法培养常客。注意，要培养常客，你一是不能随便换地方，二是要记住老顾客的习惯。我常在家附近的凉菜摊上买拌凉菜，老板记得我爱吃醋，总给我多加些。后来我去了两三次，她就把我的微信加上了。你要慢慢地加喜欢来你摊位的老顾客的微信，成功率在顾客第三次购买时最高。这样，虽说摆摊位置不能随便变动，但摊位必须变动时你就能通过微信唤回一些老顾客。

第十，新手选择商品时切忌贪多和跟风。之所以不能贪多，是因为菜单越厚，利润越薄。初期，你可以做好一款产品，力图打造爆品。之所以不能跟风，是因为很多网红小吃主打尝鲜、价格贵，可风尚一过，很难累积回头客。而且跟风商品不是大赛道，销量不会太高，很难赚到钱。得到课程"跟宋宣学开小型餐厅"中，讲过品类选择的关键三句话——"米面粥是中国人离不开的主食""咸鲜辣是中国人的味觉主流"和"小吃小喝是消费升级的主引擎"。米面粥，咸鲜辣，小吃小喝，这些都是大赛道。在大赛道上创新，才能有足够深厚的消费基础，这也是适合摆摊新手的选择。此外，出餐速度及品质也很关键。摆摊初期，你出餐要快。比如，猪头肉要切、要拌，很多菜要拌、要加料，这就容易导致你手忙脚乱，因此你可以等主打品出圈后再增加新品。

第十一，摆摊想赚到钱，就要干掉最大敌人——库存。特别是生鲜小吃，一定要在当天卖完。如果剩下的商品不多，你可以把它们打包成一份份的，打折出售，这样就能快速卖掉。如果你卖的是年画这一类非常有标识性的季节性单品，千万不要想着来年再卖，到最后送也要送掉。原因一是容易过时，二是不易保存。早早打折卖掉，就算亏损了也能少亏一点。一定要根据天气确定订货量，宁愿商品不够卖也不要有库存。南方上半年雨水较多，北方到 11 月后天气寒冷。此时，在室外摆摊，若遇上大风和低温，客流会少一半，要是恰逢连绵大雨，销量基本就是 0 了。

"看天气吃饭"这句话在摆摊时实属至理名言。

第十二，要和周边店主和摊主变成朋友。做到了这一点，如果刮大风、下大雨，你也能有个地方暂避；如果你要上个厕所走开一会儿，也有人能帮你照应。怎么做呢？如果和你卖的商品和门店卖的商品互补，那你能帮门店介绍生意时就帮忙多介绍一下；店门口的卫生你一定要帮忙处理干净。礼多人不怪，第一次和门店的人见面时，你可以送一些你制作的食品给他们。

第一章中我们要学的一些摆摊创业基本功就已经介绍完了，可这离用摆摊创业、获取更多财富还很远，"十八般武艺"你样样都要学。干看着，这些知识实在是让人有点难以消化和理解。因此在第二章中，我就带着大家一起跟着民间的摆摊高手们练习。学习就是要向高手学他的长板。你可以集众家所长，为自己所用。但记得，这些方法听着再好，也一定要落到实践中去。

准备好，我们现在就出发。

第 二 章

跟│练│实│战

摆个小摊，实战经验在民间

这一章要实现的第一个目标，是学习实践卖出更多的货。你要记住**提升交易收入的五个步骤：吸引客流、吸引靠近、互动停留、产生交易、下次再来**。如果你原来是电商运营，可能会觉得这让你很熟悉——这不就是增长模型中的海盗模型（AARRR）吗？AARRR 是用户获取（Acquisition）、用户激活（Activation）、用户留存（Retention）、收入（Revenue）、用户推荐（Referral）的英文首字母缩写。将之迁移在一个小摊生意上，道理其实也一样。这是一个标准的漏斗模型。只要第一步干得好，每一步就都干得好，销售也会越来越好。

做线下生意，不能等客来，要主动吸引顾客。怎么吸引呢？去线上找流量，用短视频让别人知道你是谁，用直播拓展公域。接下来的五节，我们来思考如何获取更多的流量，包括从线上平台吸引流量。

视频：
跟卖饭团的摊主学写短视频脚本

本节实战目标

用短视频来为摊位吸引流量。我们继续向广州的糯米饭团摊主小杨学从 0 开始拍短视频。

摊位，小杨挪了很多次才固定下来。这就给小杨带来一个小困扰：换了摊位后，前面好不容易累积起来的回头客就找不到他了。有一次，一个老顾客偶然碰到小杨的新摊位，很惊喜地说："想买你家的糯米饭团好几天了，你怎么搬到这里来了？害我找了半天，以为你不干了。"

小杨听了这个话，既高兴又沮丧。高兴的是，顾客认可了他手艺；沮丧的是，好不容易累积的老顾客差点丢掉了。小杨就开始想能用什么办法让这些老顾客快速找到自己，而不是换一个地方就丢一拨老顾客，否则这生意肯定做不大。于是，小杨和他女朋友商量后觉得，拍短视频并上传到各个社交平台上是个不错的办法。只要遇到顾客，他们就多宣传自己，让顾客先关注自己的账号。后续，顾客要是有需求，可以通过短视频私信他们，而他们也会在短视频上标注自己的准确位置。

这两人越想越兴奋，可问题也来了。小杨和他的女友都是短视频小白，又请不起会做短视频的人，也不知道到底该拍些什么。因此在制作短视频的初期，他们的短视频宣传没什么起色。

怎么办呢？边学，边实践，边调整。对，跟练第1招就是学会拍短视频，成为自己摊位的代言人。在新媒体时代，线上流量就是你的增量，线下实体就是你承接流量的地方。全民在短视频上花的时间越来越长，流量在哪儿，你就去哪儿。哪怕你就是一个小摊主，也一样能借短视频获得增量。

我们来对小杨他们从 0 开始拍短视频，到后续每天拥有 30% 以上增量的过程进行拆解。

1 要真实，少留表演痕迹

他们最开始的几条短视频的数据并不好，分析原因后，他们觉得问题还是出在选题上。他们初期觉得顾客肯定对食材更感兴趣。于是，他们每天主要拍的就是准备食材的过程。比如第一条视频拍的就是，贵州人的饭团里为什么要放折耳根。短视频的开头说的是"折耳根是贵州人的命，而会要了广州人的命"，这话听着还很吸引人，不过视频也确实没什么人看。后来他们分析，原因主要是摆拍感太强了，小杨因为紧张一直在念词，视频完播率都不到 2%，人们基本在视频的第 5 秒就放弃观看了，而且看他们短视频的人数总共也就几百，这说明大家基本上是看 1 秒就滑走了。

小杨和他女朋友觉得靠自己悟推进得太慢了，就开始多刷摆摊短视频，学习别人的技巧。可是很多摊主拍的短视频表演性质很强，甚至连文案都是相互模仿的。小杨他们将心比心，觉得自己要是看到这种短视频也会觉得不够真诚。他们再次确定自己拍短视频的目标是吸引顾客来到摊前，再留下更多的老顾客，因此他们的短视频就要拍得真实，不然顾客就算真的来到摊前，也会因为有反差感而失落。想明白了这一点，小杨他们就直接拍他们出摊前、出摊中、收摊后的最真实的状态。

确实，改变内容后，短视频的引流效果好多了。小杨自己是贵州人，卖的饭团也是很具有贵州风味的，而贵州饭团的特点就是可以加很多料。一个饭团只卖 8 元，里面却可以免费加很多小料，比如单价很高的咸蛋黄、腊肠、脆哨、花生，还有其他一些常规小料。这样边包饭团，边加料，让人觉得饭团好便宜、好划算。再加上饭团被做成了紫色的，这颜色让人在肚子饿的时候看到根本抑制不住自己的食欲。这条短视频剪好后，小杨就在出摊前半小时发布。小杨出摊的时间在 5 点半到 6 点之间，刚好是饭点儿，周边的人刷到这条视频，往往会跑来摊前购买饭团。甚至有些距离摊位很远的同城顾客看到了视频，也会花 30 元叫跑腿来代买几个饭团。

他们还会拍一些表现收摊时真实状态的视频，在第二天开摊前发布，以说明他们并不是一收摊就下班了，还要熬夜熬秘制酱油，边拍边说这个酱油是饭团的灵魂。因为展示的是食材的制作过程，所以短视频也就增加了顾客的信任感。第二天一出摊，周边的顾客就会私信他们，让他们帮忙送一下货，这笔收入后续占到了摊位销售额的30%，而且基本上是增量。

2 人物故事要饱满

短视频慢慢有了效果，小杨他们的老顾客也越来越多了。有人忍不住问他们："为什么会想着来摆摊呢？"小杨和很多老顾客也会聊到这一点。在这个过程中，小杨也有了新想法。拍摄真实题材确实很重要，但多少显得有点干巴。在真实性上增加故事性，让短视频看起来像一部长篇短剧，这样爱看的人应该会更多，而且还能让更多人觉得小杨是自己人，让更多人愿意分享小杨的经历。

说干就干。小杨先把顾客最好奇的问题——自己为什么摆摊的答案拍了出来。小杨是在创业失败后选择摆摊的。只是小杨这么介绍自己，面子上就不好看了。于是，小杨把自己第一次的创业项目——比萨店说了出来。在2016—2017年，这还是比较好的一个项目，可是到2018年以后，竞争加剧让本来就小众的比萨，销量和价格双双滑坡，做一个亏一个。而外出就餐人数减少是导致他创业失败的最后一根稻草。小杨把这个经历变成了一系列短视频中的一部分内容。他把自己从福建到广州摆摊的经历、心路历程，还有女朋友为什么辞职和他摆摊，拍成了一系列的短视频。为了增加连续性，他都会在短视频开头说：这是我在广州摆摊的第 ×× 天。

就这样，二人边拍、边剪、边学，一个做美食，一个拍视频，坚持了 9 个月。他们的短视频虽然质量不是很高，但是经常出爆款，最高会有十几万播放量。他们的短视频流量都来自同城数据，不需要全国数据，虽然目前播放量基本上从 2000 到 1.5 万不等，推送却很精准，隔壁邻居、隔壁摊主、菜市场卖菜的、卖煤气的，都常能刷到他们的短视频。这样，他们的短视频不仅能帮他们促进销售，也让他们累积了不少老顾客。

到了 2024 年，他们迎来了摆摊的第 9 个月。在一条短视频中，小杨把自己摆摊以来换了很多次摊位，还被赶来赶去的过程拍了出来。由他的女朋友出镜模仿被赶来赶去的真实的样子。这条视频可以说是目前为止播放量最高的一条，各平台上的播放量加起来有几十万了。很多人看到这条短视频后会私信留言说，这条视频好看又让人莫名有点心酸。因看了这条视频而到摊的顾客都会和小杨他们聊聊天，说小杨女朋友模仿得真的很像，很有意思。这样有趣、真实的短视频会引发大家的好奇心，让大家更好地认识他们，慢慢地他们就有了关注度，甚至还有人催更。

小杨现在每天在小红书、抖音、视频号三个平台上发布短视频。虽然他们现在摆摊的地址已经换了六个，摆摊的位置也不是特别好，但还是有好多老顾客和新顾客通过刷视频找到了他们。

3 复盘短视频三个关键数据

当然，在这个过程中，他们也有碰到麻烦的时候。有一条短视频因为"8元"这个点太突出，触犯了平台的规则，他们的短视频号被封了一个月。最后他们只能切换到第二个号上继续更新，因此目前他们有两个号在更新。他们觉得还是要多备两个号以防万一。

除此之外，每做完一条短视频，他们还要分析三个关键数据。小杨他们在不同平台上发布短视频，在不同平台上关注的关键数据也不同。

第一个就是完播率。这是指看到这条短视频的人中有多少人会将这条视频看完。你的短视频如果没有办法让人看完，那他也不太可能关注你。一条短视频的完播率要达到10%才算合格；要是能达到20%，就相当优秀了。有两个办法可以提高完播率，除了上面说到的有故事性，还有一个很重要的办法是不要让视频过长，最长不要超过30秒，时长最好控制在20秒左右。30秒是用户对一条短视频的时长的忍受上限。这条规律在各个短视频平台上都比较通用。

第二个是转发量。在视频号上，他们要看转发量。因为他们拍的是与美食相关的摆摊视频，所以很多人并不会把它们发到朋友圈里，但会分享给朋友。转发量越大，就说明喜欢他们饭团的人越多。

第三个是点赞量。在抖音和小红书上，他们要看的是点赞量，因为点赞量越高，被周边人看到的机会就越多。这就要求视频内容好看、有意思，毕竟这样的视频才会被点赞。

那小杨这个小摊一天能有多少营业额呢？

他和我分享了每天大概的营业额：糯米饭团的营业额一天稳

定在 1000 元左右。到冬天的时候，他们加上了关东煮，关东煮一天的营业额达到四五百元是没什么问题的。夏天快到了，他们准备做沙嗲肉串和冰沙，夏天也是这些商品的销售旺季。他们预计能提升 1000 元左右的营业额。他们还统计过，每天的营业额中有 30%～40% 来自短视频引流。很多顾客要么是因为看了短视频才下订单的，要么是因为看了短视频而找到摊位的。

摆方寸小摊，更要学会把短视频当成提升销售额的杠杆。至于短视频的内容，借小杨的一句话总结：没有任何道路可以通向真诚，真诚本身就是路。

小结一下

短视频内容：要有清晰的人物设定，真实故事更能打动人。

固定发布时间：开摊前 30 分钟发布，更能吸引同城顾客下订单。

短视频定位：更换摆摊位置后，要在短视频中体现，让周边的人和老顾客快速找到你。

技能挑战：这一节的技能挑战，相对于第一章增加了一些难度。通过小杨的故事，我们也知道了短视频对摊位引流的重要性。因此这一节的挑战就是，写一条关于自我介绍的短视频脚本，把视频拍好、剪好，发布在各平台上。然后，你要统计短视频的三个数据，并列出下一条短视频的改善方向。记得，你不要自责视频拍得不好、数据不好。开始时做不好是正常的。你的目标也不是爆火，而是把视频拍出来、找手感，吸引同城顾客。

直播：
跟苕皮小摊学直播互动话术

本节实战目标

如何在摊前直播中获取更多流量？前文介绍了通过短视频获取流量，这一节我们来看看如何通过直播增加到摊客流。直播和私域不同，直播采用的是强互动形式。通过直播，观众对一个人的表现会更有直观的感受，因此直播也是能立即吸引顾客关注的方式。

网上有一位叫小张老师的摆摊高手，她来自重庆，是一位有双胞胎孩子的妈妈。她现在已经是有7个连锁摊、在成都有一家店的创业者了。她卖的是烤苕皮、100%果汁和QQ肠。她发布在视频号上的视频，点赞数最高超过了3.5万，而她平时发的视频少说也有3000个赞。小张老师的直播很有看头。

这一节我们就来学习一下，一个小摊怎么通过直播吸引更多的顾客。

1 获取情绪价值

你来买 2 元的苕皮，小张老师能给你 200 元的情绪价值。不管你是男是女，是老是少，她都喊你"宝贝""亲爱的"，问一句要不要加香菜，喊一声宝贝，问一句要不要果汁，喊一声宝贝，不管干什么她都会喊，让你在一声声"宝贝"中越来越迷糊。

她还为每一个烧烤动作都配上了朗朗上口的顺口溜，就像喊号子一样，情绪特别饱满。比如，烤苕皮的第一个程序是涂上油，她就会喊："先给我们美丽的苕皮涂上一层菜籽油。再给我们的苕皮撒上合川的调味盐。"要给苕皮翻面的时候，她就说："趁着苕皮不注意，给它来一个咸鱼大翻身。咱们再来一点太太们都喜欢的太太乐鸡精。"而且，这一套一套的顺口溜，她每喊完一句，旁边的同事都会附和。这还没完，她还很会唱歌，你要点了一份苕皮 +100% 果汁 + 脆皮肠，还能听她唱首歌。

这时，在直播屏幕前的你，是不是忍不住就想到小张老师的摊上去看一看？小张老师要是喊你一声"宝贝加个关注吧"，你是不是就很愿意去点下关注了呢？

2 获得情绪共鸣

直播非常"卷"，今天在线上直播间简单地喊"1、2、3，上链接"，这种直播方式已经让人审美疲劳了。更多人看直播，其实是为了解压。

得到 App 的联合创始人兼 CEO 脱不花曾经分享过一件事。她非常爱看一个小店主的直播，这个店主原来是摆摊卖卤大肠的，后来开店了，为了提升到店率才开始直播。这家店的老板娘直播洗大肠。很多人在评论区里都说，看她洗大肠好解压。她之所以能让人觉得解压，还不单是因为洗大肠这件事本身，而是因为这个老板娘一边洗肠，一边用家乡话数落老公，而且"骂老公"一套一套的，基本是女性有共识的男士的一些通病，像乱扔袜子之类的。她老公在旁边听着也不敢回话。脱不花看着觉得很好玩，就忍不住点开下了一单。虽然脱不花也知道这是这位老板娘和她老公的直播方式，但就是觉得这个直播给了自己很多的情绪共鸣，愿意支持一下。

小张老师除了直播摆摊，也会在直播中表达自己对生活的想法，这时她就会从关注她的人那里"获取情绪价值"了。人什么时候是快乐的，就是被别人需要的时候。

3 获取公域流量

直播和短视频、私域三者获取流量的方式各不相同。直播是只要有人愿意看，相对来说进入公域的可能性就会更大。直播平台通常采用的是即时推荐算法。你的活跃度越高，平台给你推荐的用户就会越多。直播平台更关注活跃指数，主要看主播和用户的互动、直播间的点赞数等。看直播的人，更多是把直播当成一场秀来看的。因此，直播互动形式越多样，互动方法越有综艺感，观看人数就越多。这也是小张老师在摊位上直播时极具张力和夸张表现力的原因。

而在线下摊位旁边的你，吃着一串很便宜的苕皮，听她热情地跟你唠嗑，还能听到她唱好听的歌，这个满足感实在是太强了。你大概率会忍不住拿出手机，拍个照片和视频发到自己的社交网络上。这又完成了一次破圈，这样强的表现力、频繁的粉丝互动、不断出现的歌声，特征鲜明，又有直播加持，她想不红都难。而她也不只收获了重庆同城的粉丝，也用直播吸引了全国各地的粉丝前来打卡互动。不仅如此，还有其他各地的美食博主到她的摊位旁直播，这也给小张老师的摊位带来超高的到摊客流量。

从小张老师的直播互动中学到的经验，还能怎样被用到我们的线下生意中呢？

直播互动最重要的作用就是加会员，重构消费者时间的分配。我在得到课程"黄碧云·怎样让店铺持续增长"中一节说到，门店要如何通过同城直播做好门店对外的展示流量。你可以考虑在客流低峰期做店播，把流量沉淀到线上的视频号、抖音、快手等平台的同城直播间中。

这么做有两个好处。

线下门店的选品优先级一般是重口味、轻健康的，这其实砍掉了相当大的一批追求健康的年轻中等收入群体。而这个群体对互联网是很依赖的。因此，第一，像"零食很忙"之类的零食小店可以考虑拓展线上，卖侧重健康的休闲零食，形成与线下差异化的第二曲线；第二，针对这些沉淀在线上的流量，你可以采用

"给货带人"的思路，把线上账号变成流量分发枢纽，在未来根据地理位置给各家线下门店引流。

为什么在低峰期做店播呢？因为这能减轻店长的负担。对零食门店来说，通常一天有两个高峰期：中午学生放学和傍晚 5 点之后。要是在这两个时间开播，店长、店员都会忙不过来。但在这两个时间段之外，店员的工作也就是扫扫地、理理货架，完全可以对着手机，向网友介绍产品、活动并分享本店社区里的趣事。

那为什么不让顾客直接加店长微信，而要把顾客沉淀到总部的视频号里呢？原因是，站在年轻顾客的视角看，"加陌生人微信"这个动作太重大了，他们拒绝的概率很大。但单方面关注一个视频号，同时自己相对对方来说又处于隐身状态，这样年轻顾客会更愿意接受。

未来，直播间有可能变成所有企业的标配，它既能为每家店铺填补不同的客流低峰期空白，又能把掌控感给顾客，毕竟关注直播间的工作也相对轻松。而且直播间还能变成门店的广播宣传站。广州一人连锁面馆的运营方式，就是借助同城直播，先向周边的消费者做好"自我介绍"。

它第一天分享店面装修，拍个视频分享一下进度；第二天分享店里设备，讲解一个设备的特点；第三天分享店里食材，以及制作的面有什么特色；第四天分享店里主厨，以及他最拿手的菜品；在开业后的前几天，再直播卖低单价的消费券，吸引人们到店消费。顾客可以在每周二门店固定的活动日里来对暗号，凭暗号到门店获得一道凉菜。慢慢地大家就能沉淀进社群里。这家面馆老板觉得，一家餐饮店现在能服务的客群范围就在 3 ~ 5 千米，因此只有先真诚地自我介绍，顾客对面馆熟悉后才能多次到店。

这里我要着重提一下，很多人看多了直播间有几千、几万的在线人数，就认为自己的直播间也会有这么多人；而在自己开播的前期，看到在线人数只是个位数时会特别有挫败感，会下意识觉得这个流量也太少了吧。可是，你再细想，如果是你的线下小店里一下来了七八个人，你是不是会特别热情？你们是不是会全员出动，并手忙脚乱地去接待？而直播间里的人是流动的，只要直播间里一直有人，就说明有人对你感兴趣。其实，你要担心的不是初期人数少，而是人数越来越少，这说明你的直播间被判定为低效的直播间。你要想办法保持每一场直播的在线人数都比上一场人多，至少不掉。

店等人，生意只会越等越少；而店找人，生意才会越做越活。拍摄短视频时要有清晰的"人设"，让人愿意相信你，并且让人认识你，前文提到的卖饭团的小杨就是这么做的。而直播，是一种不用面对面就能获得别人陪伴的方式，没人逼你回应。而直播中的人，为了让你获得更高的情绪价值而卖力表现，就像小张老师。想生意更好，想给小摊加上杠杆，那你就要用好短视频和直播。

小结一下

　　摆摊开直播间：商品和情绪价值要有极大的反差。

　　看直播的人的心态：想轻松看一场秀，不为社交压力而烦恼。

店加直播间：任何一个小店和小摊，其直播间都会变成标配，这是增量。

技能挑战：在发了 20 条以上的短视频后，关注你的账号的人数超过 200 后，你就可以试着开播半小时，就直播自己摆摊时的状态。不挂购物车，就看当天最低的在线人数以及最高的在线人数。二者的平均值就是你后续的开播的起点数据。当然，开播前 24 小时内，你要发一条预热视频，预告你的直播。

借势：
跟编发小摊学蹭流量

本节实战目标

如何借集中型客流，提升情绪溢价并提高利润？若要问近两年来哪个场合中的人最多，答案多半是演唱会。根据艾媒咨询《2023—2024年中国演唱会行业发展趋势研究报告》中的数据，2023年中国演出市场规模预计达到903.46亿元，有望较2019年增长67.9%。演出多，来的人就多。海底捞都被吸引来摆摊卖冒菜了，更何况是想通过摆摊学创业的你？你更不应错过这个能做增量的机会了。

邓紫棋长沙演唱会在贺龙体育中心体育场举办。在体育场门口，我采访了好多摆摊人。我发现在演唱会场馆门口摆摊的位置都有统一的规划，而来这儿摆摊的人大多是新手。有意思的是，他们中的很多人买不到票又不想错过演唱会，于是就干脆来场馆外摆摊了。这样，他们是星也追了，钱也赚了。新手摆摊没那么大的心理负担，大家都是以歌迷身份来摆摊的，特别是卖明星周边产品的新手更可以这么做了，这看起来反而更像一种应援的方式。

我总结了多位摊主的摆摊经验，以下三点是我提炼的赚钱攻略。

1 能带来情绪价值的项目是首选

在演唱会门口摆摊，要选好项目，多赚钱靠的是组合，参考原则就一个，看明星的粉丝基数大小。粉丝基数大的，组合可以是编发、化全妆、明星周边商品和水；粉丝基数小的，组合可以是编发、化全妆、食品和水。

不同的摊主普遍认为，在众多项目中，最好赚钱的项目是编发、化全妆以及彩绘。等到粉丝都入场后，我采访了一个生意非常好的编发和化全妆摊位的摊主，这个摊位是两个姑娘一起摆的，她们让我喊她们小林和小静。她们表示，这已经是这一年第三次来演唱会场馆门口摆摊了。而且这俩姑娘很会做生意，都给自己画了亮闪闪的紫色调的妆，还编了两种不同款式的发辫，这样方便顾客选择自己喜欢的款式。她们和我说，像邓紫棋这种能连开三天演唱会的明星，是她们最喜欢的。演唱会开的时间长，说明粉丝多，而且邓紫棋的粉丝中还是女生占比高。最重要的是，邓紫棋的粉丝有统一的应援颜色——紫色。这样她们选编发带时就会多选紫色，化妆品和送的明星文身贴也都可以选紫色的。而且在三天的时间里，她们能很好地控制进货量。一次投入物料成本为 600 ~ 800 元，一个单次价格为 25 ~ 50 元的项目，能带来的收益是 6000 ~ 8000 元。

她们还和我聊到，编发、化妆生意的好坏，和演唱会来的明星及现场互动率有关。互动率越高，她们的生意就越好。因为很多粉丝心里都有一个小期待——万一镜头扫到我呢。此外，粉丝中女性的占比高低也会影响她们的生意。像在某明星杭州的演唱会场馆外，生意就很好，客单价也高，而且还供不应求。如果某位明星的粉丝男性居多，编发生意就做得一般，但那种大而亮的应援闪光棒和手环就卖得好。

小林和我说，她第一次摆摊时，可能是因为来的人一下子太多了，手忙脚乱地把一个粉丝的辫子给弄得有点歪，把那个粉丝气哭了，后来她只能和后面排队的人道歉，认认真真地给那个粉丝重新梳了辫子，也没敢收钱。等来听演唱会的人都进场了，她自己也哭了。后来，她反思了一下，这主要还是自己的问题，手艺不精，怪不了别人。后来她发现，杭州和上海也有很多像她一样的编发师，他们都先在小红书上发布成果图片及报价，让粉丝在网上提前预约。这样他们就能知道当天自己大概能接到多少单了，而这样自己也能有一个基础的销量。另外，她也在小红书上看到，很多人基本都是组团摆摊的，比如编发和化妆、做脸绘的姑娘一起摆摊，这样项目集中又齐全，就能吸引更多人。这也是后来小林和小静组团的原因。比如某明星长沙演唱会临近时，她们早早就在小红书上进行预热并接受预约了。这次她们重点做化全妆、编发和脸绘。为了提高预约数，这次只要是预约了全套妆造的顾客，她们就直接送闪粉贴和应援手环，她们在现场还会给化了全妆的姑娘送一瓶水和一根吸管。她们送吸管就是考虑到要让顾客喝水时不会蹭掉口红。

在那天，我无意间在摊主中发现，卖手绘扇子的摊主的生意也不错。他们的扇子本身是白色的，谁开演唱会，他们就把谁的名字手绘上去。至于价格，全看明星的知名度。明星的知名度越高，扇子的溢价越高。

要在演唱会场馆门口摆摊，那么能给粉丝带来情绪价值的手艺是首选。

2 差异化摆摊项目

如果你没有特殊手艺，那么你就须要卖差异化商品了。你不要和别人扎堆卖一样的商品。比如看天气预报，演唱会当天要下雨，你就可以卖一次性雨衣。你还可以在 1688 上定制包、可以动的小扇子，以及印了粉丝暗语的包等。一个包大概可以卖 30~35 元，定制成本却只有 12 元左右，你一次可以定 30~50 个。这个包还很实用，能让粉丝把准备的应援商品全部装进去。按照这个实用的思路，你还可以卖冰凉贴，防止手机发烫。因为演唱会上歌迷会长时间录制视频，有时候手机发热就会影响使用。这时，这个冰凉贴可就出现得太及时了。

在做有手艺、差异化商品的基础上，你还可以卖水、卖吃的。如果明星的粉丝基数大，你还可以卖周边商品，如果明星相对小众，我建议你侧重卖水、卖吃的。比如要是某知名明星开演唱会，你不仅可以在 1688 上定制明信片和海报，还可以加上有歌词的小贴纸。你卖矿泉水和饮料时，就可以在上面贴上一个小贴纸，这也是一种互动的方式，会让粉丝忽略商品本身的价格。

你不能只卖周边商品，就算开演唱会的是知名明星也不行。卖演唱会周边商品的人太多了，商品同质化太严重，利润又低，摊主们必须卖力吆喝才能揽到生意，拼到最后只能卷价格。特别是手环、钥匙扣，有摊主以成本价卖都没人要，这就不是最优的售卖选择；但它们可以被用作赠品，这反而能辅助你卖差异化商品。

观看演唱会的顾客一般会在晚上 7 点前入场。很多人是饿着肚子过来的。卖简单方便、单手就能拿的三明治、寿司的摊位就变得非常受欢迎，商品往往是秒空。我问了一个正在摆寿司摊的摊主，他和我说："没想到寿司还是做少了，根本不够卖。因为今天是周五，很多人下班直接就来了，没顾得上吃饭，到我摊前买了寿司就走，着急去化妆、进场。今天的销量是平时的 3 倍。但是明后天是周六和周日，我反而不敢做这么多了，大多数人会休息，要么吃完了饭再来，要么提前来，也就有时间逛小吃摊了，我被选择的机会就不多了。周日是演唱会的第三天，人也会比前两天少一点。我要少备一点货，即使如此销售也比平时好太多了。在工作日开演唱会，在地铁口附近摆摊，商品卖得最快。"

可见，在演唱会场馆门口卖差异化商品，卖吃的、喝的，也一样要贴合粉丝需求。

3 摆摊成功的注意事项

如果要在演唱会门口摆摊，一定要注意摆摊时间。像做妆发的摊主，就要早一点开摊，还要和管理人员协商一些注意事项。

在工作日摆摊和在周末摆摊还是不太一样的。周末，布置起来耗时多的摊位可以早一点开摊，摊主最好下午4点前就到位。如果在工作日摆摊，客流在下午5点特别集中，此时你可以尽量做小项目。比如编发，价格50元的超复杂的编发，你只接线上预定单；现场只做20元和35元这两种做起来比较快的编发，这样就能在比较集中的时间里多做几个人的生意，总收益也会更高。这里还有一个细节：化妆摊什么都能省，就是亮度高的化妆灯不能省，它能让顾客化完妆立马就看到效果；而且最好采用双人组合，这样手速会更快一点，也不耽误粉丝进场。

摆摊卖货的时候，你一定是要以粉丝身份去的。我采访过的一个摊主是卖三明治的，他自己不是邓紫棋的粉丝，就把身为邓紫棋铁粉的老婆给带上了，她就负责和邓紫棋的粉丝聊天，要是聊开了就再对唱两句。这样就吸引了很多粉丝到摊前。这个三明治摊主还补充了两个细节：第一，歌迷大多来不及吃晚饭，因此把摊位移到地铁口附近生意会不错；第二，受他老婆的影响，他知道了邓紫棋歌迷的应援色是紫色，因此三明治的包装纸，包括那天做的双皮奶都是紫色的，包装上再贴上很便宜却好看的邓紫棋贴纸，仪式感立马就有了。还有人就在摊前放了几箱水卖，一个晚上也能卖个一两箱。

我最后问这些摊主："他们最想提醒新摊主的是什么？"他们提出了以下三点。

第一点，务必大声吆喝，如果能唱两句就更好了。否则，在众多的摊主中，你不敢吆喝，可能最后一件商品都没有卖出去。关于这一点，没想到我从不同摊主那里得到的答案也出奇地一致。

第二点，要注意现金和货物的安全。收现金时要特别留意。因为现场人多，环境也比较乱，所以会有人拿假钞来浑水摸鱼，几乎每一次在演唱会会场外摆摊都有人中招。现在用现金的人很少，很多人对假钞的辨别能力也不强。

还可能有人忘记转账，解决这个问题最直接的办法就是用手机连上一个小音箱，或者把手机音量调到最大，让自己能听到钱到账的声音。

在南方摆摊的摊主，要多准备一张防水油布，这个很便宜。这是为了防止雨水淋到明信片等纸制品，以及用于妆造的绳子等物品。碰到下雨天，只需把防水油布一盖，就能减少损失。

第三点，要注意项目的限制。如果你要做"三炒"和要使用明火或电的项目，一般是不被允许的。演唱会门口的人流集中，这是安保的要求。因此你想在演唱会门口摆摊，就要避免做使用明火和电的一切项目。

借势其实是一个思维。即使没有演唱会，借势这个方法一样能用，比如借天气的势。

五一劳动节，长沙可算是又捅"人窝"了，旅游人数屡创新高。可是有一年的五一劳动节，长沙暴雨连连，但因为人们大多有着"来都来了"的心态，先是挤爆了橘子洲头，再挤爆了五一路广场。面对这么集中的客流，你想一想什么生意最好做？答案是卖雨具。

在五一广场商圈附近的地铁各个出站口，卖雨伞、一次性雨衣、防水鞋套的生意火爆。我在五一路地铁口观察了快两小时，记录了几个卖雨伞的小摊的销售数据，最好卖的就是雨伞，位于地铁站口两侧位置比较好的摊位，在两小时内就卖出了 80 把伞，而位置比较差的摊位也卖出了 30 把伞。其次是防水鞋套，两小时内大约能卖出 20 个。

为了验证这些数据，我在当年 5 月 6 日截取了长沙五一广场商圈附近美团的外卖数据。雨伞的搜索量基本上翻了几十倍。而其中透明雨伞的销售量最高，因为它不会影响拍照，而且特别出片，显得浪漫。短短几天，一个小店就卖出了 300 把以上的雨伞。这种一把卖 12.9 元的雨伞，批发价在 3 ~ 3.5 元之间。

如果你所在的城市的景区客流集中，你可以提前查看一下天气预报，如果天气热，你就卖水和冰袖、帽子和手持小风扇。要是下雨，你就可以提前批发雨具和防雨鞋套。

借势思维，就是借集中的客流势能，卖功能需求大的商品。你可以将单品尽量控制在 2 件以内，卖的东西有用就好。

小结一下

靠技术领先：靠化妆，靠编发，或者靠画画摆摊，歌迷更愿意为情绪价值买单。

找差异化商品：选品有差异化也要有实用性，工作日和周末货量要有变动。

销售细节：妆造要在小红书上预约，务必敢大声吆喝。

技能挑战：上小红书查找你所在城市在未来两个月内的演唱会，根据明星的人气及粉丝群特点，在300元预算内选择好项目，在演唱会门口摆一次摊，借这种集中客流为你的摊位做增量。

渠道：
跟水果小摊学异业联盟

本节实战目标

如何借长期稳定流量？在摆摊初期，你有可能实在找不到位置，这时你可以考虑在自己能提供增量的店的门口找个摆摊位置。

或许你可以学下面这两位摊主的做法，主动找生意好的街边店商谈，在他们店的门口摆个摊。

这两个摊主，一个把自己变成了门店的合作者，另一个给门店带来了增量，得到了店主的认可。就像早餐店，摊位可以填补早餐店的空档时间，给门店带来增量，这种合作是可行的。

1 帮店主解决难题

我们先来认识一位摊主。他说他摆摊的原因是中年失业，他一时没有找到合适的工作，就想摆个摊先过渡一下，毕竟家里还有孩子要养，他要想办法贴补一下家用。

我们暂且叫他老李吧。老李的选址方法和别人不一样，他看中了一个快递驿站门口的位置。因为他所在的社区居住密度高，所以这个快递驿站的生意一直很不错。做调研的时候，他计算过这家快递驿站每天的客流量是每天 430 人左右，这远比一家便利店一天来的人多多了。

老李当时之所以选择在这里摆摊，是因为自己是一个新手，而大的夜市的租金太高，自己想摆街边摊，可又比不过老摊主。想来想去，他就看中了这个快递驿站门口的位置。他碰到的第一个难题是，怎么说动快递驿站经营者。老李说，他当时没有贸然去找这个快递驿站的经营者，而是先观察了这个快递驿站的情况。老李总结了这家快递驿站的两个特点。

第一，虽然店里的空间比较小，快递又多，但是店里也卖一些饮料和冰激凌；第二，快递驿站最忙的时间是下午四点半到六点半，此时经营者又得录入快递信息，又得帮人拿快递。驿站门口虽然还算宽敞，但散落着各种快递箱，门口的空间就显得不够大了。

总结出这两个特点，老李就列出了两个计划。

第一，驿站里在卖饮料和冰激凌，他不能卖和驿站里一样的商品，但可以帮店主卖。夏季马上到了，冰激凌的占用位置可以扩大，店里显然放不下更多冰激凌了，他可以建议快递驿站经营者把冰激凌移到外面来卖。他摆个摊，同他们一起卖冰激凌。

第二，驿站高峰期，人来人往，这也是摆摊生意的高峰期。

可不能卖影响驿站正常营业的商品。也就是说，一是占的位置不能太大，二是带有浓重气味的商品不行，还有需要用油烟、明火或要让顾客等的商品也不行；需要有能顺手、快速买了就走的商品。老李来回对比，觉得还是卖卤味比较合适。

老李觉得这个计划相当有诚意了，很有信心地去找快递驿站的经营者聊。没承想，对方一口就拒绝了。他嘴里念念叨叨地说："忙都忙死了，哪还有空管这些。"说者无心，听者有意。老李不甘心，觉得肯定是自己哪里考虑得不到位。于是，他就继续观察，发现他没有考虑最本质的问题，也就是经营者高峰期忙不过来的事。而他之所以忙不过来，是因为下午3点，是各个快递公司送快递过来的高峰期，快递多时，驿站里本就人手不够。这要是在门口再摆个摊，不就更耽误他干活吗？想明白了这点，摊主就主动找快递驿站的经营者说：自己可以提前45分钟过来，帮他一起整理刚到的快递，等整理好了，再开摊；这样不耽误他收发快递的事儿，店里也能增收。最终，这个卤味摊终于开摊了。和预料的一样，摊位生意不错，而且还是个可以遮风挡雨、能积累回头客的固定摊位。

2 变成门店的服务增量

和老李不同，这第二位摊主的打法就更胜一筹了，按商业理论来说，它属于异业联盟。这位卖鲜果切的小姑娘不愿意说名字，就让我喊她小果。小果是位从湖南到广州打工的姑娘，她白天还在上班，晚上就想着摆摊赚点外快，要不很难撑起她在广州的消费。她的摊位在广州餐饮特别集中的区域。在广州的朋友都知道，广州餐饮市场上除了本地菜，基本可以说是川菜和湘菜的天下。这两个菜系都有一个特点，重油重辣。周边小吃摊上的，很多也都是油炸食品，吃完这类食物后，很多顾客肯定最想来一份水果解腻。

而小果运气不错，早两年就摆了摊，而她在这里摆摊的时间长，也积累了不少的老顾客。再加上她开摊前都会拍短视频选择同城发布，在附近餐馆里吃饭的人刷到了，就会通过短视频点单并要求送去店里。这本来是一个不错的生意渠道，可这样很多餐馆老板就不高兴了。主要原因有两点：一是外面的食物要是不新鲜，顾客吃出了问题，说不清楚；二是，顾客如果在餐前点水果吃了，就会出现少点菜的情况，从而影响餐馆生意。

小果姑娘觉得有生意不能做，自己也不甘心。第一点好解决，她把自己的健康证和摊位执照都复印给了门店。要解决第二点，她就要想怎么把送果切这件事变成门店的一个服务项，还不能影响顾客点餐。

要怎么做呢？

后来，她告诉我，要是有在餐厅吃饭的顾客在她这里点单，她就会说："我们和这个餐厅有合作，你报桌号，吃完饭后，果切可以直接按 8 折统一结算。"而她会把果切稍微晚一点送到店里，送过去后，交给餐厅服务员，等客人菜上了三分之二后，服务员才会把果切送过去。这时候，顾客一般不会马上吃水果，而会等吃完饭再吃。这样，顾客菜正常点，还觉得饭后吃水果更美味，两边都不耽误。而最后小果说服他们的理由还有一点。小果提出，如果顾客点了果切，其实门店的果切就可以省了。因为餐饮店的果切大多是免费的，所以小果就相当于帮店里省了一笔额外的支出。

小果姑娘终于说服了两家餐厅，每天收摊后，再和餐厅结算当天的果切款。餐厅不仅获得了提供打折服务的功劳，赚足好感，钱还在手上，这样餐厅也更放心。

想借着门店的流量摆摊，你就要成为门店的合作者和增量点。同样，如果你是店主，也要学会主动和小摊主合作，你们之间不一定是竞争关系。

举个例子：

如果当地的农贸市场人气很旺，又离周边的社区比较近，那么你在这样的菜市场旁开超市也是可以的。但要注意，在这里开的超市，你尽量不要采用和菜市场产生对抗竞争的业态，而要和菜市场形成融合互补的关系，比如食品加强型超市。

有一个在广州开超市的创业者，早些年用很低的租金拿下了几家农贸市场周边的店面，开了生活生鲜超市。店里也卖着生鲜食品，他把竞争对手定为了菜市场。

他肉要卖得更便宜，每天都有低价菜，这种方式就破坏了菜市场原来的销售平衡。很多摊主会故意到他家的店门口摆临时摊去添堵，还有摊主告到了市场管理处，说他恶意竞争，扰乱市场秩序。市场管理处经过权衡，就让他不要再卖生鲜品类了。

当他问我如何做的时候，我给的建议是，强食品，推非食，南北干货卖一点。店面如果还有富余空间，就划成几块小门面出租。

这么做的目的只有一个，融入这个市场的经营环境。

店里食品百货的价格可以便宜一点，他还可以给市场里的每个摊位老板送上专享优惠券。这既是优惠券也是"求和券"。这样，这些"围攻"他的摊主就有可能变成他的顾客，就算摊主们不来他这消费，也不至于和他对着干了。

长沙硬折扣连锁乐尔乐超市，店里卖的是食品和服装等商品。其实大多数连锁超市企业通常是不允许第三方摊贩在超市出入口摆摊设点的，但乐尔乐常常会采用逆向思维做决策，他们的团队非常欢迎摆摊人。"因为来摆摊的小贩卖的商品基本不会是我们店里有的商品，反而属于一些补充品类。我们认为他们不仅不会阻碍客流进店、影响门店形象，反而会为乐尔乐引流。"

我在长沙看到了把摊和店结合得最好的一个餐馆。这个餐馆门口早上10点开门前是给早餐摊主用的，专门服务路过的上班人群。这些上班的人，就是这个餐馆的潜在顾客。10点过后，这个餐馆的门口就变成了一个臭豆腐摊。大家都喊这个雪水臭豆腐摊的摊主"周姨"。周姨除了做过路人的生意，最重要的是，她的服务群体是在店里吃饭的客人。这家餐馆是经营本土湘菜的，而周姨的臭豆腐则是长沙小吃中的一张名片。

每到饭点，周姨就会炸好一盘盘臭豆腐，穿梭于每张桌子之间。遇到犹豫不决的顾客，周姨立刻会推荐："这个是长沙的特色，一盘有8块豆腐，只要10元，试试长沙的小吃吧。"这就变成了门店的一个增量服务。这个雪水臭豆腐的摊主就在门口充当了这家店的迎宾，看到有客人来，就会非常热情主动地说欢迎。她就变成了这家门店的一个非常重要的编外员工了。

小结一下

解决店主难题：要成为该门店的"自己人"，多帮忙不会错。

异业联盟：成为门店的增量，以门店的名义让顾客满意。

融入生态：开店的人，吸引摆摊人为自己门店添人气。

技能挑战：学会资源互换，想办法让你的项目成为别人的增量。你可以调研一圈周边超市及各店铺门口、不同业态的小店，看看它们门口摆摊的品类有哪些，销售高峰期在几点。有了统计数据，你就能很好地提升商业之间的关联度。你统计到 10 个店铺的数据，就能大概知道不同小店门口欢迎什么样的小摊了，你可以把它们作为自己摆摊类目的备选。

视觉营销：
跟夜市小摊学招牌设计

本节实战目标

　　如何做好小摊的招牌，以吸引顾客的视线停留其上？因为影响一个小摊的视觉因素很多，所以这一节我们将聚焦在小摊最集中的网红夜市，学习如何从视觉上吸引顾客。

　　夜市里小摊众多，如何能让人们在众多摊位中多看你一眼？若要牢牢抓住顾客的视线，先要在小摊招牌上下足功夫。这一节我们就集中向湖南长沙四方坪夜市的小摊招牌学习。这样做的原因不仅是这个夜市的招牌好看，还包括这个夜市的招牌具有多样性。在四方坪的300多个摊位中，很少有重复的设计，而且每个摊位的招牌都是依消费者的习惯来设计的。比如，夜市考虑到从两个不同方向过来的顾客，摊位的正面和侧面都做了设计，不管你从哪个角度看过来，都能找到摊位。

　　关于如何打造夜市里的视觉营销，以下案例你可以直接参考。

一是擅用灯光。线下商业中有一句话：灯光就是最好的"视觉美化师"。尤其在繁华的夜市中，几乎每个网红摊位都巧妙地安装了射灯，这些灯不仅用于照明，更是用来聚焦美食的。比如长沙特色美食糖油粑粑，由于其具有金黄色的诱人外观，因此摊主更多地选用了暖色调的灯光来映衬它。这样，路过小摊的人们看到它，会顿时食欲大增。而且无论顾客是想拍摄视频还是照片，暖色调的灯光都能让图像呈现极佳的效果。

二是营造鲜活场景，消除顾客疑虑。现切的牛肉和羊肉，可以让顾客吃得更放心。这一做法传递出的是一种肉质鲜嫩的体验。因此如果你在夜市摊上卖烤肉，那么肉能现切就尽量现切。像四方坪夜市的大牛忙牛肉摊的摊主，在烧烤的过程中，特别注重动作的幅度，让加辣椒、加洋葱等动作都显得非常大气，这样的展现方式特别适合拍摄短视频，很吸睛。更何况，他家的牛肉串用的都是超大的肉粒，视觉冲击力自然更加强烈。值得一提的是，在同一条小吃街上，还有一个名为小牛忙的烧烤摊，专门销售2元一串的小串烤牛肉，这种"大小对比"的创意，既打造了视觉上的冲击力，又避免了被他人模仿。

如何表现小龙虾的新鲜呢？在虾背开出一个宽而长的口子，去掉虾壳，去掉虾线，露出白色的虾肉；再运用上"货卖堆山"的陈列方式，把所有的开背虾叠在一起。

三是美化操作流程，增强吸引力。像广西人爱吃的拌酸嘢，很多人习惯用红色桶来拌，但有一位水果摊主别出心裁，选用了透明的拌桶。当切好的杧果条放入桶中后，摊主会大力摇动桶身，让酸梅粉和辣椒粉均匀地裹在杧果上，在摇动中逐渐裹上粉末的杞果，实在是令人垂涎欲滴。

如果你销售的产品本身就富有表演性，那就更能吸引注意力了。例如，四方坪夜市的芝士玉米，在炒制过程中，芝士的拉丝效果特别明显，金黄的玉米粒挂在长长的芝士丝上，再加上摊主刀铲翻炒的动作，不仅令人食欲大增，还极具观赏性，自然引得人们纷纷拍照分享。又比如日式烧烤中的烧鸟提灯，将未成熟的鸡蛋挂在烤串的顶端，拿起烤串时，它们就像一盏盏灯笼，拍照效果极佳。

四是善于利用明星效应，这也是吸引顾客的好方法。许多摊位会将曾来打卡的明星照片印在摆摊车上，甚至将其作为宣传文案的一部分。有个卖臭豆腐的摊主，就将某明星在其摊位前品尝臭豆腐的照片放大后贴在摊位上，并配以文案："你不想尝试一下连××都钟爱的臭豆腐吗？"而一个叫小敏的鱿鱼摊主，则将某家电视台的采访片段的截图放在了招牌上，宣称"某某台推荐过，老顾客很多"。

五是网红摊用打假信息来吸引顾客。在四方坪夜市中，有一家李记飞饼，也是各大美食博主争相拍照打卡的小吃摊，高峰期顾客都得排长队。他们生意火爆，因此有很多人模仿他们。叫李氏、李家的摊位有很多。李记就把"四方坪夜市必吃榜第一名""网上最火的李记飞饼仅此一家"的字样放在招牌上，这也变成他们的宣传语，吸引了过路的顾客。

和"第一名"字样异曲同工的，还有"第一家"和"连锁"，它们分别体现了尝新和信用保障。四方坪夜市入口的第一个摊位，卖的是一种名为蚝蛋烧的台湾小吃。摊主边直播、边卖、边操作，反复对顾客强调："我们是长沙第一家引进蚝蛋烧小吃的摊位。"并且他把"长沙第一家"标在招牌上，很多人为了尝鲜而来。摊主把"连锁"两个字标在摊位上，其目的就是让顾客知道，这个小摊真的有很多人来吃过。要是有人没怎么吃过小吃而怕试错，就会买很多人吃过的小吃，至少其口味有一个保证。

六是放大顾客优惠的关键词。在招牌上善用顾客最关心的信息，也能很好地吸引顾客的视线。像"买一斤送半斤"中，必须被加粗加红的是"送"字。"起卖价一元一个，一元一串"中，要着重放大的字是"一元"。这激发的是顾客的图便宜心理。如果你用 10 元封顶定价，比如你卖的是 10 元两盒的菠萝蜜，你就要放大"10 元两盒"这四个字，而且最好能在"10 元两盒"四个字的上方，用更小字号的字写上"现切菠萝蜜"；你卖的要是椰子，你就可以在价格前面加上"现开"的字样；你卖的要是甘蔗汁，就可以在价格前面加上"现削现榨"的字样，这都是为了满足顾客对"鲜"的需求。

招牌上的口号尽量不要超过 8 个字。小摊上招牌的面积不大，因此招牌上不能有废话。四方坪一个卖面条的小摊的口号是：一碗面条，二两牛肉。这个摊主是懂得玩梗[①]的，他把线上外卖牛肉面"只见面条，不见牛肉"这一被吐槽得最狠的点，拿来做口号。强大的反差和朗朗上口的句式，让人迅速记住了这句口号。

整个摊上最吸引人的，除了灯光，还有颜色，招牌上就要多

---

① 指将笑点进行二次加工。——编者注

用撞色。四方坪的牛肉摊上用的是黑白配色，摊位采用大片白色，招牌上的字是黑色的，而且白底会让招牌显得更清晰，摊主也穿着一身黑色衣服。

夜市里销售的大类目是卤味和烧烤摊，统计一下这两大类目下的摊位的招牌就知道，他们用得最多的就是红底白字。因为卤味和烧烤原材料用的主料更多是红肉，而红色本身比较刺激食欲。如果小摊卖的是素食类小吃，更多是用白底红字，这样的招牌一样显眼，而且大片白色会让招牌显得更清爽。

对主卖品的颜色，招牌要有暗示。比如，卖的是玉米芝士，招牌就要用亮黄色；卖的是泰式美食，招牌就用黄绿色；卖的要是臭豆腐，招牌就可以用大面积的黑色，并用白色的字；卖的要是海鲜，招牌上就要有海蓝色，这都是对新鲜食材的暗示。而要判断小摊视觉点打造得好不好，重要的考量点就是顾客有没有忍不住拿出手机来拍照；还有就是，招牌进入镜头后，我们要传递的信息能否刚好进入手机的竖屏屏幕里。只有做到了这些，才能让食客更好地打卡并自发地通过社交渠道传播摊位信息。

得到创始人罗振宇说过一段话，线下商业的最大特征是能够全方位地调动人的感受力，包括视觉、听觉、味觉、嗅觉、触觉等，以及提供合适的氛围。线下可以更好地帮一个人塑造巅峰体验。这是线上的任何动作都实现不了的。因此，线上引流、吸引到摊客流等做法各有各的益处，但调动五官的感受是最能把人留下来的。

小结一下

线下商业：想办法调动顾客五感，其中视觉的重要性占比最大。

小摊招牌设计：想办法让顾客多看你一眼，他多看你一眼，你就多了一次销售机会。

小摊招牌字数：招牌上的每一个字都不是废话，8个字大体是口号字数的上限。

技能挑战：去本市的夜市里，找三个在视觉和色调方面最吸引你的摊位，观察它们的设计，并且给自己的摊位做一个优化方案。

嗅觉营销、听觉营销：
跟网红小摊学用香味、声音引流

本节实战目标

用嗅觉和听觉来吸引顾客靠近。好闻的香气是很能吸引人的。夜市里的小吃，色香味俱全。要不为什么现炒现烤的摊位前永远人满为患呢？原因就是食物香气诱人。而在吵闹的环境里，有节奏的、重复的声音，也能很好地吸引顾客。这一节，我们来看几位通过香气和声音吸引顾客的摊主。

一项调查研究显示，除了视觉，嗅觉和听觉对成交来说是至关重要的两个因素，更能充分调动顾客对食物的美好记忆。以下是几种通过香味和声音吸引顾客的做法。

1 不散油烟味，只留香味

烤牛肉串的摊位大家肯定不觉得陌生。其实只要微调一下烤牛肉的方法，就能让销售量翻倍。在长沙，连锁的烤牛肉摊有大牛忙烤牛肉摊。他家的牛肉串不是用炭火烤，而是在高温铁板上用煎牛排的方式烤出来的。这就能避免产生用炭火烤肉时产生的浓烟，毕竟这些浓烟会盖掉肉香。煎过牛排的人都知道，牛排在高温下会散发非常香的气味。这个香气会迅速刺激人的味蕾，让人联想到该肉香浓的口味。这个味道，你只要闻到过就会形成强烈记忆。在此基础上，这位摊主在烤牛肉中放入能散发出浓郁香气的迷迭香、洋葱等食材，这就增强了烤牛肉串的香气，让人们远远地顺着香味就过来了。

我那天也点了几大串，光排在我前面的人就有 8 个，而且那天还不是周末和节假日，其香味诱人程度可见一斑。相似的香味有米饭香和面粉香之类。比如新疆的烤包子，在出锅那一刻特有的淀粉和肉混合加热后产生出的美妙味道，基本没人能在肚子饿时抗拒其诱惑。但这有一个问题，这些香味一般只有靠得很近的人才能闻到。有些摊主就在饭桶后面装一个小小的排风扇，让香气飘得远一些，以此吸引顾客。

还能借香气赚到什么钱呢？在上海写字楼集中区，有一辆专门卖车尾咖啡的汽车，每天停在白领进写字楼的必经之路。司机把后备厢打开，里面有成套的现磨咖啡机，非常专业，而他就是一位资深咖啡师。现磨咖啡的香气非常吸引人，他就是用咖啡香气来呼唤顾客的。他大概 2 小时能卖二三十杯咖啡。一杯 25 元，因此他每天早上都能有 500 ~ 800 元的营业收入。

很多"臭味相投"的食物，也会散发出独特的气味，直接吸引目标顾客。比如烤榴梿摊，对于喜欢吃榴梿的人来说，那香气简直让人欲罢不能。臭豆腐和螺蛳粉也是一样的道理，喜欢它们的人无法拒绝其气味，越臭越喜欢。不喜欢它们的人自然就避开了，这样目标顾客到摊前自然就更精准了，交易量也就更高了。

2 根据场景来散发不同的香气

有一次我去一家香薰工厂。他们和我聊了一个他们当时很重要的销售渠道——文艺街区的夜市摊，比如上海虹桥天地的车尾摊，还有很多网红街区的摊上都在销售他们的商品。而这个工厂在香薰出货的包装里，会一箱多放一个样品，在包装上标上适合的人群和场景。而这样的好处是，摊主可以根据建议对标场景，来点燃对应气味的香薰。一种香味，就是一种心情。他们大概和我说了三种。要是在阴天或者下雨后，摊主就可以多点燃有松木香或者青草香的香薰，因为很有沉浸感。要是天气很热，摊主就会点燃海洋味或抹茶味的香薰；第三种就有意思了，要是在小情侣多的街区摆摊，摊主会点燃甜腻清新的花果香味的香薰，这种味道说不出哪里合适，但就是会让小情侣停下来。而我也很好奇地问他们："为什么你们会发现香薰在小摊上卖得好？"他们说这也不稀奇，露天环境更适合香薰气味扩散。小摊上的香薰品项不多，成交率却比一个品项丰富的香薰门店的高。在门店里，人们闻的味道多了，反而不知道怎么选了。

其实，不仅仅是食品，沐浴露也可以利用香气吸引顾客。有数据显示，主打香水香味系列的沐浴露，在商品旁配闻香瓶和不配闻香瓶的，销售量差异竟然在 10% ~ 30%。合理用好香气的方法，大家都可以用。

3 叫号声引发从众效应

在热门的餐厅里，你对叫号器肯定不陌生。可我估计，你在小摊上很少会被叫号器叫到，可实际上叫号器要是在小摊位上用得好，是更能吸引顾客靠近的。在长沙四方坪夜市的一个网红摊位也应用了叫号器。这个摊就是李记飞饼，摊主在摊位旁安装了一个与门店相似的叫号器，音量极大。每当有人取号，叫号器就会高声呼唤，如："60 号顾客点的香蕉味飞饼，请稍候。"这样不仅给人一种摊主很忙碌的感觉，还起到了另外两个重要作用：第一，每次叫号都在提醒周围的人这里有美味的飞饼。摊主还会用扩音器大声宣传："这是四方坪最好吃的飞饼，许多美食博主都来打过卡。"这样，就能吸引众多路过的顾客。第二，叫号数字的不断增长，触发了从众效应。当听到已经有 70 ~ 80 个人点过飞饼时，人们会下意识认为这么多人的选择应该不会错，或许他们也因此会想尝试一下。

4 不一定好懂但就是要多听

在听觉营销中，简单重复是一种极为有效的手段。例如近年来的流行神曲"钵钵鸡，一元一串的钵钵鸡"，人们只需听一遍就会难以忘怀。还有 2022 年大火的蜜雪冰城神曲，那重复的"我爱你，你爱我"，让人在不知不觉中沉浸其中。甚至有人玩笑说，考试期间千万别放这首歌，否则考生会将知识点忘得精光。

这些简单重复的词句，能够刺激人的记忆点。而记忆点的一个显著特点是，它能唤起人们的美好回忆。在小摊贩的吆喝声中，我们常听到的"不好吃不要钱"，也是在通过简单重复来加深人们的印象。这句话还带有一种承诺的意味，让人一听就记住，甚至觉得如果不尝试一下，都对不起摊主。口号只有足够简单，才能让人印象深刻。

还有一种有节奏的具有地方特色的叫卖词，人们就算是听不懂也会被它吸引。在四川攀枝花，当地的少数民族会唱很多的打歌。我在当地的一个摊上看到的一个卖玉米蒸糕的摊主，就用当地重复度很高的打歌报了价格，还唱了欢迎词。怎么评价呢？我其实一句也没有听懂，可那个叫卖节奏太魔性①了，我到现在脑子里还在循环那个节奏，而我也自然地走到摊前买了两个蒸糕尝尝。如果你所摆摊的城市，有独具地方特色的叫卖方案，你也可以试着录一个有简单节奏的叫卖声来吸引顾客。

小结一下

嗅觉营销：让香味飘出去，能刺激顾客的味蕾。榴梿、臭豆腐等有强记忆点的商品，散发气味，能吸引主消费群体。

---

① 网络语，古怪又非常吸引人。——编者注

听觉营销：只有简单、重复的节奏才能让人记住。

技能挑战：在本市的夜市里，统计最让你难忘的香气和声音，特别是那些让你一听就忘不了的吆喝声，把它们记录下来。

味觉营销：
跟泡凤爪小摊学试吃流程

本节实战目标

如何用试吃调动顾客的味觉记忆？摆摊创业时，小吃是复购率最高的一个类目。在这一节里，我们将向一位卖泡凤爪的姑娘学习如何用试吃流程来吸引顾客。一项研究表明，味觉能使食品的成交量产生 15% 的波动，这个数据不一定准确，却说明了一件很重要的事情：试吃能有效促进成交。

我们来看看一位在夜市卖泡凤爪的姑娘的摆摊方法。她不愿意我说出她的真实姓名，我们就喊她小李吧。小李白天在一家公司做行政工作，可在城市里生活的开销比较大，工资远远不够她花。她就想着晚上能出来摆一个摊，赚点钱来贴补家用。

那她是怎么确定要卖泡凤爪的呢？有一段时间，柠檬泡凤爪在小红书上特别流行，而小李喜欢自己做饭，看着这泡凤爪做起来也不难，于是她就自己动手做了带到公司请同事吃。没想到同事的反馈出奇地好，尤其是女同事特别喜欢这种酸酸辣辣的味道。小李觉得，摆卖泡凤爪的小摊这事简单，也不太费力，相对于摆别的小吃摊，收益也高。很多小吃，在顾客点单后还需要烤、炒、炸等简单加工，而因为泡凤爪是提前做好的，所以摊主在打包、过秤、报价的同时，顾客就能扫码付款。

小李想好后就开始踩点儿。因为自己白天要上班，所以她决定就在离自家小区不远的夜市边支一个摊，刚好这里也有好几个摊主在摆摊。可出摊第一天，她就发现泡凤爪有一个明显的缺点，那就是没法用香气吸引人。炒面、炒饭的摊前就比较热闹，就算老板不招呼顾客，顾客也会被香气吸引过去。

小李因为第一天出摊，加上自己又不好意思吆喝，总共只卖了4斤出去，她做的20斤凤爪还剩下16斤。小李和我说，她在摆摊前还特意上网看了下，很多人说日入1000多元，现在自己的感觉完全不是这么回事。第二天，小李想着这凤爪不能浪费啊，又带了一些给同事吃，同事还是说好吃，甚至有人问小李，他能不能买一份带回去给家里人吃。这一点启发了小李，同事试吃了就想买，同样的道理，反正现在销售也不好，要不就拿出一部分凤爪先给顾客试吃。吃得好了，这成交量不就有了吗？试吃，这还不简单吗？把凤爪切好给顾客试吃不就成了吗？还真不是这样。小李和我说："试吃，不仅能提高成交率，还能多卖一份。"

接下来我们就来看一下，小李是如何用试吃成功地让每天的凤爪从剩下大半到不够卖的。

1 试吃要有正确的顺序

她在不同口味的泡凤爪前都配上了试吃品。她邀请人试吃的顺序很不一样——先试吃酸甜味的，再吃柠檬味和百香果味的，最后试吃麻辣味的。那为什么是这个顺序呢？这是因为百香果味的味道比较重且多元，一旦先吃了百香果味的凤爪，再试吃别的口味的凤爪，人们都会觉得很奇怪。

她说的这些，让我想起了一本叫《品尝的科学》的书，书里说，人的舌头按对不同味道的感受被分成了四个区域：舌尖是用来感受甜味的，舌根是用来感受苦味的，而舌头两侧的前端部分是用来感受咸味的，舌头后端则是用来感受酸味的。其实，辣既不是嗅觉也不是味觉，而是痛觉。

你看，这位摊主请人试吃的时候，按味道顺序：先用甜味唤醒味蕾，再用柠檬酸味生津，最后以辣味给舌头带来的痛觉收尾。这样的试吃顺序会让顾客产生凤爪很好吃的印象，有一部分住在附近顾客的决定就会从买一份变成买两份。

关注试吃的顺序，不仅仅是一个小摊的促销方式，也是现今的零售神话胖东来提升顾客体验的好办法。胖东来里的果切很好卖，原因之一肯定是水果新鲜又好吃。但这里的好吃，与胖东来在包装上的数字牌引导也有关系。胖东来的果切按不甜到最甜被对应贴上了标有1、2、3的贴纸，引导顾客按1、2、3的顺序试吃水果。和泡凤爪试吃的顺序的原理相同，如果顾客先吃了最甜的，后面的水果甜味会全部被覆盖掉，酸味在舌尖也会特别突出，这就会影响顾客的体验。而按数字顺序吃会调整顾客的味觉记忆，让其觉得这几种水果各有风味，都很好吃。

2 试吃分量别太小

小李告诉我，可以把试吃品切得很大块。我问她："试吃品切这么大块，你会不会怕别人只吃不买？"她说："切大块一点，就是不想让顾客觉得我小气，不好意思吃。你想啊，要是你看到一个摊主切一小粒凤爪皮给你试吃，你要么就觉得他寒碜你，心想谁缺这么点吃的呀；要么就是担心吃了不买，他会给脸色看。可要是顾客不试吃凤爪，卖出去的概率就低。因此，我在招呼试吃，说得最多的是可以试一下喜欢不喜欢，买不买都没关系的。"

小李还告诉我一个技巧，就是把凤爪的分量按大、中、小份来定价，方便顾客快速决策。大份是用盒装的，一盒 30 元；中份也是盒装的，一盒 20 元；还有无骨泡凤爪，是用泡面杯形状的杯子装的，一杯是 15 元。杯装无骨泡凤爪里配了长竹签，让顾客可以边走边吃，而顾客一般只要试吃满意，看着小李也特别懂得招呼，都会愿意多买一份。而大份、中份的就方便顾客带回去给家人或朋友一起分享，这样就提升了客单价。

这个摊位一小时的成交额大概是 360 元。因为是夏天，晚上 9 点后的人更多，成交额会更高。只要不下雨，按晚上 7 点到 12 点算，摆 5 小时摊，大概会有近 2000 元的流水。再扣除成本，一个晚上能赚个 800~1000 元，这已经比她白天的收入要高了。扣除休息日和天气不好的日子，一个月也能赚 15 000 元左右。

试吃，是对食品类商品最有用的营销策略。试吃也是获取顾客真实信息的方法。小马宋营销公司的小伙伴，也和我分享过一个营销案例。一个叫"食族人"的酸辣粉品牌就通过试吃获取了关键信息，从而调整了营销方案，这也给这个品牌带来了一波超高增长。甚至让人一提到酸辣粉，就会想起食族人。

小马宋营销公司的人在接到这个项目后，就去线下超市的货架旁观察。但当时酸辣粉还是一个比较新的品类，这样守株待兔的调研方法起效太慢了。于是，他们就改用新品试吃吸引更多的顾客。把人吸引过来后，他们收集到三个重要问题：和方便面有什么差别？怎么吃？为什么这么贵？

这三个问题看着没有信息量，可在营销高手眼里，都是提效切入点。

- 和方便面有什么差别？能有这个疑问，说明大众对酸辣粉这个品类还不熟，营销就要强化这个品牌在该品类中的地位，得先让顾客能记住"食族人"这个品牌。这里用了两个技巧。第一个技巧，品牌名的颜色采用黑色和红色，背景采用银灰色，品牌名就显眼了；"食族"两个字是黑色的，"人"是红色的，人们的注意力就会先放在"人"字上，因为这个字小孩子也认得。第二个技巧，强化品类心智，在品牌名下面将"酸辣粉"三个字放大。
- 怎么吃？采用傻瓜式操作法，把里面多个料包全部标上1、2、3，让顾客按数字顺序放料。
- 为什么这么贵？为了回答这个问题，他们把营销口号定为：

"一桶六包料，嗦粉更过瘾"。

试吃可以成为品牌收集用户信息的一个好方法。零售端要测试顾客是否真的喜欢新品口味，也可以采用试吃的办法，只是要配备垃圾桶。

我们就拿食族人来举例吧。假设食族人有 6 种口味的商品想进超市，可超市只有 3 种口味的商品陈列位置。那就把 6 种口味的商品按 2 种口味一个试吃台分布到门店的不同位置。注意，不同口味的商品要用不同颜色的杯子装，杯子不要选一口杯大小的小杯子，要是顾客一口就把酸辣粉全倒进嘴里了，这个测试就不准了，而要选容量在 100 毫升左右的杯子。你要把泡好的酸辣粉装到 8 分满，配上小叉子端给顾客。然后，在试吃台 5 米左右的位置放好垃圾桶，记得不能离试吃台太近。一是顾客短时间内吃不完，二是如果顾客觉得不好吃，也不好意思在你面前扔。等晚上营业结束时，垃圾桶里哪几种颜色的杯子最干净，就说明哪种口味的酸辣粉最受顾客欢迎。

试吃不仅是线下的课题，也是促进线上成交的有效方法，特别是高单价的商品，比如茶叶。因为在直播间里，顾客没办法像在线下一样现场试吃，对购买高单价商品就会有顾虑。怎么办呢？可以配上两包同款试用包，顾客收到货后，可以先打开试用包，如果不喜欢，再选择将正装 7 天无理由退货。主播讲到这，往往成交量瞬间翻倍。

小结一下

　　试吃的顺序：顺序对了，能有效提高成交额并提升顾客体验。

　　试吃的反馈：要观察哪种口味顾客吃得多，而不是听顾客怎么说。

　　试吃降低试错成本：引进新品时多做试吃，能减少进错货情况。

　　技能挑战：如果你卖的是吃的，你可以自制一个试吃台，并写好邀请别人试吃的话术，在家里多演练。出摊后，再实际测试，看哪套话术更能打消顾客试吃的疑虑，就用哪套话术。

定位：
跟青菜小摊学调整商品角色

本节实战目标

如何通过调整商品角色吸引顾客靠近？这一节要解决的问题是，如何在卖货的过程中，通过调整商品角色，唤醒顾客的需求，从而吸引顾客靠近。

如前文所述，对于摆摊新手来说，卖什么是一个比较难做出的选择，而实际上有了货怎么吸引顾客靠近，也是一个要细致计划的工作。通过两个实战案例，我们来找到解题思路。

1 让普通青菜变礼品

第一个案例，是得到入职培训时必分享的故事，而后来也被写入了得到的品控手册。

在得到的知识城邦里，有一位赤峰的用户提出了这么一个问题。他住在县城附近的公路旁边，有一块小菜地，他问怎么才能把自己种的菜卖出去。根据这个提问中的具体情境，我给出了几个操作步骤。

- 菜地规模不大，如果把菜送到市场上去卖没有优势，而且你卖的是叶子菜，损耗太大了，也没有价格竞争力，因此还是要在家附近的公路旁边卖。

- 先去网上批发外观好又成本低的菜篮子，不要按品种卖菜，而要把不同的菜组合装进菜篮子，把卖不同品种的菜变成卖一个组合好的菜篮子，从按照品种称重计费，变成按照单个菜篮子定价。并且标上"城里卖50元,我只卖20元"。

- 制作一条红底白字的大横幅挂在路边，文案是"进城走亲戚，带篮农家菜"。用宋体字写，字越大越好。同时制作两个大幅的收款二维码，要保证在3米开外，顾客也能扫上码，让他们可以不下车也能完成付款动作，这就方便多了。

我这么回答的原因是什么呢？当时，我看到这个问题的时候，最先做的事就是打开百度地图。我看她所处的位置就在公路旁。这里看似车流量大，但那是车流，不是商流。在这里摆摊卖菜，就算卖得再便宜，这些车也不太可能停留。这里的优点就是有进城的公交车站，人们会在这里短暂停留。因此，她就要把卖菜变成另外一个场景。把普通的蔬菜变成具有农家特色的礼物，这不仅创造了卖点，还提高了商品的附加值，而采用整篮销售、一个定价等方式，都是为了提高商品流转率。

如果你找到了商品却没有适合卖它的地方，可以把商品角色做一个转换。

2 通过选摆摊位置，把青菜变成配角

再说一个我好友的妈妈摆青菜摊的故事。和那个孤军奋战的路边小摊相反，这个小摊位于城郊的热闹市集里。想在这样的市集里卖好青菜，摊主就要想办法融入顾客的购买路径。这个市集是一个主要卖本地菜、猪肉、鱼的临时菜市场，每逢4和9为尾数的日期，就会有很多周边的人来赶集。来这个集市上采买是附近房屋拆迁前居民的习惯。虽然拆迁后这里盖了很多新楼，可应当地居民要求，这个集市被保留了下来，只是面积比原来小了很多。而我好友一家人是土生土长的当地人。她妈妈是个根本闲不下来的人，就算已经住进了楼房，也没舍得放弃原来自家的那一片小菜地，而是继续种一些时令的蔬菜，拉到这个集市上卖。

集市虽然是临时的，但集市上各个品类的商品还是有较固定的售卖位置的，像卖肉的和卖鱼的基本就会集中在一起，卖菜的和卖水果的也会在一起，还有较多的临时摊位开放给像我好友的妈妈这样的临时摊主。规则是谁到得早，谁就能抢占比较好的位置。那天她到得也算早，看到不少人在抢集市入口的位置，她却径直越过这些位置，选了一个位于蔬菜区中后段，猪肉摊和鱼摊正对面的直角处的摊位，我就直夸她位置选得好，她抬了抬下

巴，冲着我得意地笑了。

为什么说这个位置选得好呢？这是因为选了这个位置，说明她已经把来集市的消费群体购物习惯摸得很透了。

临时集市最大的特点，就是通过聚集后形成了一番热闹的场景，很多人会因为新鲜、好奇进来逛一逛。对在入口处摆的菜品，大多人是瞟一眼后就往里走了，更多人的想法是"进去再多看几家，肯定有比这更好的"。因此，入口处的菜摊往往是被比对的锚点。可摊位也不能太靠里。一般来说，人在对比 3~5 个摊位后，就会有初步的购买决策了。因此，选择中靠后这个位置摆摊比较好。摊位设在猪肉摊和鱼摊的对面，是为了顺应那些专门来集市买东西的消费者的习惯。一般来说，负责采买家里一日三餐的人，会定好当天要吃的硬菜后，才开始买搭配的菜品。比如说，要做冬瓜炖排骨，人们会先买排骨再买冬瓜。在直角拐弯处摆摊，就相当于把单面摊位变成了双面摊位。这样除了扩大了展示面，摊主还有机会同时做从另外一条路走进来和往回走的顾客的生意。

如果她不是卖菜而是卖水果的，位置要怎么选呢？

那我一定会建议她抢人进出最多的入口处的摊位。原因很简单，一是水果是有零食性质的，人们往往看到了水果才会想起买它。因此，水果被看到的机会越多，被卖出去的概率就越高；二是考虑人们的购物习惯，水果普遍都比较有分量。像瓜类，人们大多不会一开始就买个瓜提着走。人们往往会等买完肉、菜走出来，再根据自己能承受的分量，来决定买多少水果。

想吸引顾客靠近，你可以通过改变商品角色来匹配主消费群体。而如果你后续开店，是否采用一样的思路，你的店是什么角色，则要看你有没有进入同一个主消费群体的消费路径。我在很多社区里做过统计，发现了一个现象，奶茶店和小吃店旁的水果店容易倒。这是因为水果店和这两类店的消费路径相悖。顾客的购物习惯是边逛边喝边吃，进店挑选购买水果的概率低。而再从租金角度上来说，这类店面的租金都不便宜，要是进店率低，只靠外卖就难以支撑。

小结一下

　　公路旁边摆摊：车流不是商流，要将青菜进行角色转换。

　　临时集市摆摊：要靠近客单价最高的地方，把商品变成配角才能让顾客顺路停下来。

　　消费路径：后续开店要思考，如何融进顾客的消费路径，吸引他们靠近。

　　技能挑战：画出你所在小区里大妈从幼儿园到市场的消费径，然后再看从菜鸟驿站到各小区的消费路径。串联起这两条路径，然后看这个路径中有没有你可以利用的机会，只要是和你的摆摊项目有重合，你都可以试试，看两边的销售数据有没有变化，根据顾客的消费路径，看商品类目是否需要调整。

留客：
跟烤饼小摊学提升翻台率

本节实战目标

如何通过互动留下顾客，不让顾客因为等待而弃单？小摊有时候会碰到潮汐客流，简单说就是一会儿一个人都没有，一会儿忽然人就多起来，多到你根本就接待不过来。要是碰到这种情况时，你就要想办法提升"翻台率"了。

翻台率表示的是餐桌重复使用率。重复使用率越高，代表这家店的生意就越好。

1 让顾客和顾客玩起来

在我家小儿子学校附近，有一个特别受学生欢迎的卖烤梅菜饼的小摊。这个小摊主的孩子就在这个学校上学。我每次接孩子时就特别爱看她做饼，她先双手揉开面团，然后压平、俯身把饼贴进缸炉里，等饼烤熟了再用一把小钩把饼钩出炉，快速涂上自调的酱料，打包递给顾客。顾客扫描二维码，嘀的一声，6 元到账。这一套动作行云流水，因此，我还给她起了一个名字叫"快手侠"。当然，快手侠手法再流畅，也是在人相对少的时候才用。她的摊每天下午会摆在小学旁边，小孩子一窝蜂放学时就是她生意最好的时候。有点饿的小朋友们都眼巴巴地挤在她的摊位前等烤饼。小孩子可不会规规矩矩地排队等着，而是叽叽喳喳，你一句我一句地催着。他们弄得快手侠手忙脚乱，时不时出点差错，有时是饼烤煳了，有时是顺序错了，有时是钱漏收了。

但民间的智慧就是无穷的，前一阵我去接娃碰到她时，发现她摊位上有了一个变化。她在摊前挂起了一个塑料盒子，里面放着她自己做的号码牌，每个牌子上都有不同的卡通图案。这个号码牌可就发挥了大作用。放学的小朋友一来，就按顺序拿着号码牌，这样就不乱了，喊牌给饼。等着的小朋友，就会好奇上面有什么图案，拿着号码牌互相问。我在旁边看着，觉得这办法妙啊，一个小小的号码牌，又让她变回了快手侠。

她还在酱料缸里多放了两把小刷子，把涂酱料的环节交给小朋友自己，这又激发了小朋友自己动手的兴趣，他们自然就安静下来了，她也不容易算错钱了。你看，这两个小小的动作，就让队伍井然有序起来。在这同一时间段，她就能比原来多卖 10 个饼，营业额也就多了 60 元。

而快手侠在烤饼摊上采用的解决方案，解决的其实就是餐饮行业中最令人头疼的翻台率问题。这个方案能让小摊既不会在非用餐时间闲得闲死，也不会在用餐时间根本忙不过来，否则小摊无形中就丢了很多顾客。

2 用加价留下愿意等的顾客

还有什么办法既能提升翻台率，又能提高营业额呢？我们再来看一个中学旁边的冷面摊的做法。他的产品设计妙在用换购来分开愿意等和不愿意等的顾客。

这个冷面摊的面积不大，配着两套小桌椅。他主打的产品是一款事先备好原料的冷面，拌上调料就可以让顾客直接开吃。愿意等的顾客，可分别换购 1 元、2 元、3 元不同的配料。配料的价格越高，需要加热操作的时间也越长。而愿意花 3 元购买配料的顾客，往往也愿意多等一会儿，他们也想打打牙祭。同样的，摊主也能多赚钱，还不会手忙脚乱。

你在未来开店时，翻台率一样会有大作用。罗老师在 2024 年的跨年演讲中讲到了一家餐厅的案例。得到的老师陈区玮在深圳开了一家餐厅，每天中午有 1600 人就餐，为了将就餐人数提高到 1800 人，他采取了三项措施。

第一，算出排队时间之后，就可以在队伍不同的位置立上时间提醒牌："您还需要排队 15 分钟/10 分钟/5 分钟。"这样顾客排队时的焦虑感就降低了，中途放弃排队的顾客变少了。第二，店内之所以存在堵点，往往是因为顾客点了餐但是没地方坐。真的没有地方坐吗？不见得。很多顾客只是不好意思主动跟别人拼桌。这样就好办了。你可以在店里设置一个"交通疏导员"，疏通人流，安排拼桌。由此，座位的利用率就提上去了，翻台也变快了。第三，拿秒表计算顾客的买单时间后，陈区玮发现买单时间是 9 秒一个人，还有提升空间。加一个收银员，就能将平均买单时间提到 7.9 秒之内，一小时就能增加 110 个入客数。陈区玮马上采取了这三个措施。果不其然，一个月以后，这家店铺的午市入客数就从 1600 人提高到 1800 人。

如何提升翻台率是一道数学题。一家超市的收银台前在高峰期容易出现排队状况。今天，移动支付变成了一个极其自然的事，但 2016 年正处于移动支付和现金支付的交接期。从超市的收银数据上看，移动支付的占比逐月呈直线翻倍上升趋势。

在劳动力输出型城市，每逢重大节假日，最难解决的就是收银拥堵的问题。

我当时还在一个区域连锁超市任总经理。当时，我要求在春节前三个月加强收银培训，重点就是在支付环节改变话术，从"用现金付还是手机付"，改成"是用支付宝还是微信"。因为这一句话的变化，公司当年的移动支付使用率超过了 7 成。这一句话的变化让超市的经营有了质的变化。最直接的变化是收银速度加快。因为收取现金后，收银员要点算和开关柜，所以收现金的收银时间要比移动支付慢 17 秒左右。我当时掐秒表记录过，如果是大金额的交易，这个差异还会更大。只要提升移动支付的比例，就能解决春节期间客流高峰期收银台不够造成的销售流失问题。这 20 秒不到的时间，放在春节前一家客流接近万人的大店里，就会让销售额产生巨大差异。在当年，中心门店当日销售最高额突破 100 万元，弥补了前一年春节时销售额因为收银速度慢只到了 93 万元的遗憾。

此外，还有额外收获——财务有现金流节余。移动支付比例一大，财务的收银备用金就降下来了。原来用现金交易时，每家门店需要备零钱找零，每家店一个月里有 3 万~5 万元的备用金是不能动的。这对于一个单店的影响不大，但对于一个有 20 家店的连锁店来说，那就是每个月近百万元的现金流。同时，因为减少了现金的日存比例，移动支付让资金的安全性更高。

提升了翻台率，解决了拥堵问题，销售额自然会提升。

小结一下

提高翻台率：让等待中的顾客们玩起来，增加互动以留下顾客。

提升入店率：降低顾客等待的焦虑感，减少顾客流失。

降低弃单率：加快收银速度，避免丢单。

技能挑战：按小时统计一天中销售额最高的时间段，最后再统计一周内的销售额最高点；把两个最高点重合后，争取在这一天把好卖的单品商品制作量增长 10%，重点做这款主推品的试吃或试用以及销售策略，比如满 20 元送一小份凉菜，看这一天的销量能不能快速上升。如果销售速度比上一周同一时间段要快，那下周在天气好的前提下，你就可以针对这款爆品再增加 20% 的制作量。

场景：
跟甜瓜小摊学细化产品

本节实战目标

如何为产品增加对应的服务方案，从而产生更多的销售额？卖生鲜产品时，你要制定一套服务方案。从这一节开始，我们来看几位提升成交的高手们如何制定服务方案。

这一节我们来看一位卖甜瓜的高手，是如何根据不同消费群体和场景来细化产品的。

1 按每天不同时间段调整产品

作为一个全天售卖甜瓜的固定摊位的摊主，你要想卖出更多商品，可以学习这位摊主的做法。她在同一天里，会根据不同时段的顾客来改变产品形态。

这位摊主在一家超市和菜市场的中间位置摆摊，顾客相对稳定，主要是老人及家庭主妇。她先按大、中、小三个规格分好瓜。扩大最小个头的瓜的陈列位置，按 10 元 2 个全天售卖这些瓜，这吸引的是因价格便宜而消费的顾客。早上将中个头的瓜按斤卖，限时低价促销，此时大个头的瓜放一旁不做促销。早上的顾客以中老年人居多，他们提的菜多，如果瓜太大就会放弃购买。此外因为单价总额对比，中个头瓜看着就会便宜很多，让对价格敏感的中老年人觉得划算。而到了下午，下班的人多了起来，摊主就开始促销大个头的，半个起卖，直接打上价格签，顾客看上了就可以直接买走。摊主还可以为半个瓜包上卡通保鲜膜，圆圆的瓜上就会显得憨态可掬。晚饭后到摊前的顾客以三口之家居多，孩子会忍不住上前看这些可爱的瓜。此时摊主再一招呼免费试吃，把瓜卖出去就不成问题。

摊主还会寻找增量。这个摊位周边有一所走读中学和三所幼儿园，学生特别多。中学生中午往往会回家。中午时，摊主要把瓜推到门口，切成细长条状放到杯子里，瓜条一定要比杯子高一些，一杯定价 2 元。为什么要切成长条呢？主要是因为走路的学生喜欢成群结队，用长竹签穿着瓜吃不安全，而切成瓜条学生单手就能拿着吃，这就不影响学生边走路边吃瓜。而坐公交车回家的学生，即便车厢内拥挤，也可以单手拿着杯子吃瓜。下午四五点，爷爷奶奶来幼儿园接孙辈放学了。此时，摊主也要将瓜切成小条状，但要把瓜替换为中瓜，用更小的扁杯子装。幼儿会由家长牵着，所以也只能单手操作，用小杯子装瓜更便于幼儿用小手握住杯子。

这样一套方案操作下来，就把每天在不同时间段经过她摊前的不同顾客群体的需求都满足了。基本上，她最后赚到的毛利比其他摊主赚到的毛利要多得多。

2 按吃前、吃中、吃后来细化服务

你可能也发现了，原来一度差点消失的甘蔗，近两年又重新"火"了起来，而这背后的原因是简易的切蔗机的出现。别小看这个切蔗机，它价格不贵，大概就在几百元钱，但毫不夸张地说，它拯救了差点消失在市场里的甘蔗。早几年，卖甘蔗是很不赚钱的。有切蔗机之前，削掉甘蔗皮，再把它切成一段一段的，相当费时费力。更难的是，摊主很难找到比较大的地方把削好皮的长长的甘蔗放在大菜板上切断。

可要是不给甘蔗削皮切段，习惯了吃精细食物、牙口明显退化的现代人，是很难把甘蔗皮啃下来的。再加上甘蔗皮和渣也不能随地扔，顾客也就不愿意买甘蔗了。可以说，这些问题在有了切蔗机后就被解决了。切蔗机看着简陋，却非常实用。卖甘蔗的小摊主先用削皮刀把甘蔗皮削掉，再用切蔗机把甘蔗肉切成小段，甘蔗肉一段一段连着滚进食品袋里，切到甘蔗段和段之间的硬结时，把甘蔗微微转一个方向，硬结就会被切到垃圾箱里。这样顾客就收获了一袋可以直接吃的甘蔗肉了。但要是想卖出更多的甘蔗，可不能只是把它切段。在产品的选择上，一个小摊上尽量要有两种以上的甘蔗，最好是青和黑两种。一个贵一个便宜，在意价格的顾客买便宜的，追求更好口感的顾客买贵的。要改变商品形态，摊主可以再加一个小机器专门现榨甘蔗汁，甘蔗汁的含水量很高，大约有 83%。一杯甘蔗汁卖 15～20 元，所需的甘蔗大概不到 10 元，这中间有 40%～50% 的利润，而切段切块的利润是 30% 左右。

若想生意好，摊主还得找对天气和地方，尽量选择在天气好的周末，下午一点半到四点半之间去社区公园或城市公园的广场附近摆摊。在这里有很多游玩的亲子或朋友，而下午这个时间段刚好是比较热的时候。父母可以给孩子切一段甘蔗，朋友之间可以分食一份甘蔗。要是还有地方扔果渣，甘蔗卖得就更好了。如果有甘蔗汁，摊主可以选择在运动场附近卖，人们运动后往往也会想来一杯。

而要想卖好甘蔗，你就要有一套服务方案。细节其实是提供顾客在吃甘蔗时所需的服务。甘蔗含糖量高，提供加厚型的手套，多给一个小袋子当垃圾袋，再配上两张湿纸巾，你就能解决他们的后顾之忧。虽然说成本会增加，但顾客冲着你的服务，你推荐贵的甘蔗和毛利高的甘蔗时，成交率也会更高一些。三只松鼠坚果，早先也是因为配了坚果开果器、湿纸巾、果皮袋而赢得了顾客的好感，产生了高复购率。

小结一下

做存量：按瓜的个头分级销售，小的按个卖，中的按斤卖，大的切开卖。

找增量：有流动的消费群体，就让产品也动起来，把产品切成小份，让顾客带走。

按流程：想卖好吃起来麻烦的产品，要解决吃前、吃中、吃后的麻烦点。

技能挑战：看一下自己卖的商品，顾客感觉最麻烦的环节在哪里，用最小成本改善一下这个环节。比如烤苕皮，烤完就用竹签子串起来，苕皮里面包的小粒配料就很容易掉出来。摊主可以不用竹签，而多配一个三角防油罩，这样顾客可以直接抓着吃。烤串容易滴油，摊主就可以在起锅前多抖一下油，再用厚一点的纸巾包在签子的头儿上。这些做法都能改善顾客的体验。

限量：
跟小笼包小摊学劣势变优势

本节实战目标

如何在更短的时间里卖出更多的货？如果你选的项目，因为有烦琐的制作流程限制了产量，这个时候你要么把商品卖得更贵，要么就卖得更快，早点收摊。这个时候你可以用饥饿营销。

一说到饥饿营销，很多消费者是很反感的，但在真实的交易中，饥饿营销确实屡试不爽。像在直播间里，你一听主播一喊"只剩两件了"，你可能就忍不住下了一单。这就是因为一件商品一旦变得稀缺，就会激发起大家的购买欲。

在刘润老师得到课程"5 分钟商学院"中，有一节讲到了饥饿营销的定义。所谓饥饿营销，就是通过故意调低产量，造成供不应求的"假象"，是维持高利润和提升品牌附加值的营销手段。反之，如果商品就是有产量上限，我们能不能反向用好"饥饿营销"，将劣势变为优势呢？我们可以看看夜市里两位用"饥饿营销"的摊主是怎么做的。这两位摊主都在长沙的扬帆夜市里摆摊，同时常年霸榜扬帆夜市必吃榜。

一位是在夜市南边卖生煎包的小刘生煎的摊主，另外一位是小胖锅贴的摊主。这两个商品的形态和操作步骤都很相近，算是夜市摊上的"兄弟"了。先来看生煎包和锅贴的制作步骤：和面、准备肉馅、调味、包制、煎制。制作步骤多，制作速度就慢。而为了获得更好的口感，这两位摊主采取的方法都是在摊前现包现煎。这就决定了夜市6小时的经营时长，销售总量波动不会太大。

这个是两个摊位的劣势，在总量不变的前提下，他们的优势是什么呢？答案就是，通过卖完即止，缩短营业时间，把原来6小时卖完的商品，用4小时就卖完。那么余下的2小时，就变成了摊主自己的可支配资源。

要缩短经营时间，有三个关键操作点。

第一，东西一定要好吃，好吃到这个夜市别的摊位的东西无可替代。

我在摊前等生煎包的时候，能听到前面的食客把生煎包"炫"进嘴里后，不时发出的"哇哦哇哦"的赞叹声。

老板边熟练地翻动着铁锅，边和我说，他们家的生煎包最大的特点就是一口爆汁，可汁水又不会流得到处都是。这是因为生煎每一面在铁锅上停留的时间他心里都有数，不然，生煎就会一面已经焦了，另一面还是生的。

而小胖锅贴的摊主说："只要吃过我家的锅贴，你就很难再吃下去别家的锅贴了。"我一听立马就"炫"了一个，锅贴皮脆肉鲜，皮和肉馅的比例刚刚好。我自己吃完，立马喊老板帮我再打包了一份带走。

第二，让人们愿意排队等，还要忙而不乱。小刘生煎的摊位前有一个叫号机，人再多，你只要取了号，就肯定能吃到这个生煎包。每天小刘生煎和小胖锅贴都只限量售卖500份，先到先得，卖完就收摊了。这就让他们俩没有了空闲的时间，也就是餐饮里常说的翻台率达到了极高的水平。

这样的限量供应，有时候会让来得迟的顾客感到失望。这时，摊主就会说："实在是我们忙不过来啊，明天我们还是6点出摊，如果有时间可以早点来。"这就把选择权交给了顾客，不会引起他们对饥饿营销的反感。下次真的想吃时，他们也会愿意早点来。

第三，选择竞争不激烈的夜市。扬帆夜市竞争不激烈的原因不是这两个小吃有多稀缺，而是扬帆夜市有极好的品类差异化管理。卖同一个小吃，扬帆夜市不会让摊位超过3个，而扬帆夜市里总共有500多个摊位，这样就能基本保障摊主不打价格战，而是专注于品质。

掌握这三个关键操作点后，这两位摊主基本是夜市里最早收摊的。除了早收摊，这样做还有两个好处。

第一个好处，能对抗周期波动，干掉淡季。一般来说，周末、假期和平时对比，夜市里摊位的销量大概有30%的波动。可小刘生煎和小胖锅贴每天限量供应，慢慢地大家都知道了，想吃就要早点来。所以，这两个摊位的销量基本不受节假日影响，摊位前平日也有很多人。

摆摊的人最怕碰到下雨天，因为此时夜市里的客流就会少很多。但他们两家也没受什么影响，只是会比平时多摆一小时摊。而这时那些平时因为下班晚而来得迟的顾客就开心了，因为他们终于可以吃到热乎乎的生煎包或锅贴了。当然，如果雨下得很大，很多老顾客也会在微信上下订单，只要是在附近，他们也可以腾出一个人把商品送过去。总之，每一天限量销售，售完即止，是这两位摊主雷打不动的规矩。

因为有非常稳定的销量，所以食材的采购量就非常稳定。有稳定且长期的采购量，他们就能和食材供应商谈一个比较低的采购价格。同时，这样也能节约人力成本，采购方式可以由原来自己去采购，变成由供应商送货上门。这样一来一回就能节约出一个人的成本。而为了避免一家供应商把价格抬高，他们会让两个供应商交叉送货，这样还能保证食材的新鲜和优质。

这两位摊主用"饥饿营销"，将自己的产量有限的劣势变成了优势，从而大幅缩短了摆摊时间和淡季时间，降低了采购成本。

小结一下

产量有上限：要在更短的时间里卖掉商品以置换时间资源。

要制造稀缺：商品要好吃到不可被周边摊位替代的程度。

消灭掉淡季：每日总供应份数不变，售完即止。

技能挑战：盘一下自己经营的品类每次制作的时长，站在摊前的顾客在一般情况下，等待超过 5 分钟就有些不耐烦了，要是等待超过 10 分钟，你基本上很难留住他们了，除非你的商品真的好吃得不得了。

造势：
跟核桃小摊学打造爆款

⇨ 本节实战目标

如何在线下提前造势，累积客流，集中打造爆款？打造爆款有三个要素：提前造势、吸引流量、传播破圈。前提是摊主要有大量客流，而只有提前造势才能完成大流量势能的积累。

本节内容是我自己三个阶段的摆摊经历，可以给准备摆摊、打造爆款的你一些启发。

1 大箱小价卖整箱

先来说一个因错误而总结出来的经验。多年前，我在一家超市任职。当时我们公司跨区域扩张，筹备很久后第一家新店终于开业。就在这时，我同事在给商品补单时误将预计的 200 箱软包装抽纸下单成了 2000 箱。新供应商尚不了解我们的销售状况，一下子接到这么大的订单，高兴坏了，连夜去调货。隔了一天，这 2000 箱的抽纸就像高山一样出现在了我们店的收货口，我们当场都愣住了。当时我们面临的难题是，如果不及时卖掉这些抽纸，这如山般的 2000 箱抽纸能堵住所有仓库入口，让其他的商品进不来。更重要的当然是信用，如果不收这 2000 箱抽纸也行，可这样既对供应商造成了伤害，也会对我们自己的信用产生影响。思来想去，我们只能把货收进来。

再聚焦一下这个问题，第一，既然我们不能占着仓库，就得另外找一个位置存放这些抽纸；第二，我们要在最短的时间里卖掉这些抽纸。

当时我在店里店外来回地钻，看到门口外有一块空地，就想与其把货码进仓库，还不如直接把它们摆出来码成售卖堆。而为了能吸引更多人，干脆打造一个从地下堆到顶上的促销墙。可在场外堆货，要是一提一提地卖就太慢了，放在这里的纸巾只能按整箱卖。可顾客为什么一次要买这么多抽纸？当然是因为整箱的价格要比单提的便宜很多，这叫折上折。价格大概要比促销价再低 20% 以上才能让顾客心动。

要让顾客看到价格差，店里就要多设立几个抽纸的摆放点，于是在店里的主通道最显眼的位置，还有店内纸巾陈列区和收银台区的促销单提抽纸，标价都要比原价低但比整箱略高。要让顾客看到促销品，就要拓宽纸品区的货架通道。我们将货架两边的最底层货架各拉宽 30 厘米，专门做了延伸陈列，可增加顾客看到促销品的机会。所有陈列位置上，都会被放上放大的价格牌，上面写着场外整箱的价格合单提是多少钱。很多顾客看了，觉得整箱的抽纸还是更便宜，就等出去了再买整箱的。还须注意，当顾客看到整箱便宜那么多时，心里多少会有些不平衡，于是我们提出"买两提纸巾就送手帕纸"。这样原来只买一提抽纸的顾客，就能多带走一提，也加快了抽纸的出货速度。

在场外买整箱抽纸的顾客大概率是开车来的，我们就在旁边备着两辆小拖车和打包绳，只要顾客一买单，就直接用小拖车把抽纸送上车。如果顾客是骑电动车来的，我们就用打包绳帮顾客打包好，避免其产生顾虑而放弃购买。就这样，不到3天，2000箱抽纸就卖光了，其中场外的促销摊就消耗了1200箱。但这个时候销售情况再好，我们也不能再追单了。因为顾客大多就住在附近，所以一下集中买了那么多抽纸，且得消耗一段时间；另外，这也保证了这种大箱小价促销法的稀缺性。

后来我们把这一套开业卖大单品的方法总结出来后，用在了饮料、方便面和食用油这些单品上。那你可能会有疑问：这个方法能成功是因为有店依托，如果我想在场外多卖货，是不是也可以借鉴？当然也可以，来看下一个故事。

2 用红色棚子提前造势

2020年5月，我在得到的"黄碧云小店创业课"正式上线。特别荣幸的是，我这门课的发刊词是得到联合创始人、得到首席执行官脱不花亲自录制的。脱不花在发刊词里提到一个我曾帮一家一百多平方米的小超市在场外卖核桃的案例。

这个故事发生在位于某县级市的城乡接合部的一家生鲜超市里。那天是它开业的第一天，总营业额是 22 万元。像这样的生鲜小店开业，第一天大概有 10 万元的营业额，这家店的营业额之所以能翻了一番，就是因为仅这种一斤 10 元的核桃就卖了 4 吨多，收益近 10 万元。

怎么卖出来的？说起来很简单，就是在店门口摆摊。但怎么摆摊才能卖出更多核桃，那就有门道了。

其中最重要的技巧就是提前释放信号来造势。我们提前 5 天就搭上了红色棚子。为什么是红色棚子呢？这是因为各地乡镇要办喜事时，比如婚礼，主人家都会在家门口空旷的地方搭起方正的红色棚子来招待亲朋好友。喜事一办完，这个红色棚子就又会流动到别家去"办"喜事。久而久之，很多人看到红色棚子，就知道这里有喜事了。按营销推广的说法，这就是放出强信号。这里有一点要注意，红色棚子不能用小帐篷来代替，太零散的布置没有气势，不仅起不到吸客的作用，还增加了管理难度。

我们提前 5 天就把棚子摆出来，这样就会有人不断来问。这个时候，我们就可以对主推的爆品提前宣传。当时，这家店在 10 月开业，那时刚好是新疆新核桃的销售旺季，而只要是新果子，品质口感都会很好，因为是刚入季，所以顾客都愿意多囤一些。我们通过调查发现，此时核桃的市场价为每斤 13 ~ 15 元，因此想要卖得更多，价格定为 10 元才能让人觉得有吸引力。于是，我单独把这个单品印在宣传单上。这里有一个技巧，就是顾客拿一张宣传单，我就送两个核桃样品。因为是在城郊，所以很多人就会把宣传单和核桃带回村里，村里有熟人经济，收了你的核桃，他们就愿意帮你去宣传。

这就为开业当天提前积蓄了很多的人气。小店在城乡接合部，开业当天买到核桃的人看核桃不错，就会回村口口相传，往往在当天下午和晚上及第二天，就会有更多的消费者到店。

那为什么一定要打造爆款呢？反正把人吸引来就好呀。其实，打造爆款是为了让顾客能在最短时间里记住你，这是让你与竞争对手迅速拉开差距的办法。如果你旁边有竞争对手，发宣传单时，你可以在传单上面大大的核桃上打上一个大大的问号，标上超低价，而且同样送核桃。等开业那天再揭晓价格，这同样能吸引很多人。即使竞争店要跟价，他们的跟进也是滞后的。

后来，我也把在门口摆摊的方法总结成线下门店场外打造爆款的流程，帮门店在春节营销期间快速提升销售额。线下的春节营销期一般是包括除夕前 30 天和后 15 天，共计 45 天。对于劳动力输出型城市，春节时大量人员返乡，他们也有消费心智，如果销售做得好，销售额可以占到全年的 20%。但往往这个时候客流很大，门店却容不下这么多人。

这时，你就要提前向当地的城管部门申请，春节前要在小店门口摆年货。你还可以在旁边放一个大牌子："买年货就到某某超市"，摊一摆出来就是在向过往的顾客放出信号——"我们这里年货多，快来买年货"。在 2019 年春节，我用这个方法给攀枝花 20 家连锁店设计了门口年货摊，在春节期间给整个系统带来了 40% 的销售额增长，利润同比增长了 42%，这相当于是为每家店多开了一家店。

小结一下

大箱小价：想卖爆款，可以用"买整箱更便宜"的对比法销售。

提前造势：用办喜事用的红色棚子，提前放出强信号。

春节增量：在劳动力输出型城市，门店春节场外摆摊相当于多开一家店。

技能挑战：找到适合向外发送信号的通用符号，或根据不同节假日加强一下装饰。比如，你卖的是糯米饭团，到了端午节，你可以加一些粽子卖，然后在摊位上多挂一些鲜艾草和假粽子做装饰。节日氛围有时比卖什么更重要。

均一定价：
跟袜子小摊学提升销量

⇨ 本节实战目标

如何通过均一定价卖出更多商品，并赚取更多毛利？虽然摆摊卖东西听着简单，似乎就是低价进高价卖出，但其实实操却很难。实操的难点在于，如何给商品定价。而这时，新手往往会犯一种定价错误，就是在不同的进价上统一加上约 30% 的毛利率。比如，根据 2.1 元、3.1 元、4.1 元 3 种不同进价，分别为商品定下 3.1 元、4.1 元、5.1 元的售价。如果摊上商品的品种少，你也还顾得过来，可如果品种较多，那就非常容易出错和丢单。面对这种情况，只要学好均一定价，就能更好地提升销量。

提到品种多而杂的商品，最典型的代表就是袜子。要卖好袜子，一个摊上少说也得有 10 来种款式，在这种情况下，可能有 10 来种售价。顾客在挑选袜子时，会一直不停地问你价格，经过顾客几轮的挑选翻找，摊上乱得连你自己都记不住哪双袜子卖什么价格了。如果只卖两三种款式的袜子，这样做虽然不容易乱，可袜子就不好卖了。袜子这个品类，款式越丰富，销售额就越高。给这一类商品定价，就非常适合采用均一定价。

1 均一定价创造"淘"的感觉

在义乌调研夜市时，我看到的一个卖袜子的摊主就是灵活运用均一定价的高手。他的摊上有近50款商品，进价有高有低，可他只用了3种价格带。第一种是10元3双，对应商品是最简单的黑灰白基础款袜子，3双一起卖；第二种是20元任选3双，对应商品是有设计感的袜子，含棉量也比10元3双的袜子更高，顾客主要为女性；第三种就是30元3双，对应商品是羊毛袜、五指袜、足球篮球专用袜这类比较小众的功能性袜子，这个价格带的商品陈列位置最小。

还有一个儿童袜系列，价格带也是20元任选3双，袜面上有各类卡通图案。但包装不是3双一起的，而是一双一双的，如果有大人带着小朋友逛夜市买袜子，小朋友就可以自己来挑选搭配了。

3种价格带，就把几十种不同进价的袜子全部涵盖了，顾客还有"淘宝"的感觉。这么做的好处还有一个，就是方便使用锚定价格，想卖更多20元3双的袜子，只要再加一个更贵的30元定价做对比就好，这也是这个小摊在20元3双这一价格带上的商品最丰富的原因。虽然袜子款式多，但系列、颜色图案不同，商品价格一下子就能区分开，也不怕出错了。

均一定价的本质，是转移顾客对价格的注意力，增加顾客对商品的关注度。面对均一定价，大多数人的心态是：反正只要 10 元，多挑挑看有没有自己喜欢的商品。

2 用均一定价提升总利润

用好均一定价能够赚取更高的总利润。为什么？容我卖个关子，先说一个我自己反向用好均一定价给超市带来高成长的案例。

同样的解题思路，针对不同品类的商品，一样能用。2022 年有一个热搜，是"不认识的雪糕不要拿，会变得不幸"；说的是"卖的雪糕你大都不认识，也没有标价，拿去买单时，才发现一根雪糕的价格动不动就要 10 元以上"。那个夏天，雪糕纷纷涨价，我们都失去了"雪糕自由"。

当时，我服务的一个连锁超市的采购员问我，要不要跟风卖一些网红的高价款雪糕呢？

我立马阻止他们，让他们反其道而行。这时恰是博取用户好感的时机。我给出的卖法主要是"10 元封顶价销售法"，所有的冰品价格区都只标为 10 元，分成 10 元 3 根、5 根、10 根、20 根区，再把高价位的雪糕销售区标为 10～20 元区，并一一标好价格，减少单品量并放大价格牌，保证消费者能看到 10～20 元区里每种单品的价格。按这个方法，我客户店里的冰品销售额，对比同期都有 150% ~ 200% 的增长，而总利润的增长率还略高于销售额。

我的客户看到这个增长率时非常惊讶，问我："明明商品的总体价格都下调了，怎么总利润的增长率会更高呢？"

这主要是因为，我灵活运用了两种定价策略。我选 10 元这个价格带，其实就是运用了"大众心理价"。大部分消费者能忍受的一根雪糕的最高价格大概就是 10 元。而之所以定 10 元任选几件，就是因为我运用了定价策略中的"错觉定价法"——把大数放前，小数放后。比如 10 元买 5 根，要把 10 元放在前边，可如果是 10 元买 20 支，就要反过来写了，写作"20 支只卖 10 元"。

看出来了吧，这两种定价策略的作用，都是引导消费者选择买一组或两组 10 元雪糕，而不是买一根、两根，这就减小了消费者只挑特价品的概率。虽然商品进价不同，但顾客选了不同组合，总利润就会趋向中间值，这比卖高价单品或做低价促销的利润都要高。这也是袜子卖 10 元 3 双、20 元 3 双能有更高利润的原因。

均一定价也成为一些零食连锁店的发展策略，譬如起家于湖南省长沙市的零食硬折扣连锁——零食很忙，就采用了这一发展策略。零食很忙出售的零食的特点是口味越多，销售越好，店里13.8 元一斤的多款小蛋糕和小面包是整个连锁店的销售主力，占到销售额的 10% 以上，而其陈列面积只占店铺面积的 1/20。

在此，均一定价也发挥了作用，用同一个价格可以选择好几十个单品，用户一次可以多选几样商品，这样就能提升客单价，加快周转。那为什么把价格定为 13.8 元呢？因为小蛋糕是休闲食品中的高频消费产品，很多家长把包装小面包作为家里小朋友的点心和早餐的替代方案，所以零食很忙大多开在学校及大社区边上。而同样给小朋友提供点心和早餐的还有社区周边的烘焙店，而烘焙店里的吐司和一小块蛋糕的售价在 12 ~ 15.8 元，均价为 13.8 元左右。零食很忙将作为销售主力的小面包和小蛋糕定在 13.8 元，就是为了产生强烈对比：一个是 13.8 元一斤，一个是 13.8 元一份，这样一对比，零食很忙就给家长们留下了小面包、小蛋糕物美价廉的印象。

对多款商品进行均一定价的策略除了能让销量提高，还能提升总利润。零食很忙的加盟商也同步给我一个信息，店里利润比较高的就是 8.8 元和 13.8 元的均一价小零食系列。除此之外，该策略还对零食很忙的复购率产生了积极影响，因为零食新品更替率高，13.8 元的定价不变，商品不断变化，顾客就愿意经常到店里来尝试新口味，销量也会更高。

小结一下

均一定价：3 个价格带，中间价格带商品的陈列位置要最大，设置最贵价格带是为了衬托出中间价带商品便宜。

一价多选：以大众心理价封顶，虽然商品进价有高有低，但一价多选会让销售价格趋于中间值。

锚定主目标：对标同一群顾客在不同门店的同种需求，你的商品要卖得更便宜。

技能挑战：调研你卖的这个品类的商品，顾客接受的价格上限是多少；建一个由 20 个人组成的群，群成员可以互不相识，在群里向大家咨询一下。去掉一个最高价，去掉一个最低价，然后再来平均一下价格，这个价格基本就是大众能接受的交易价。你的定价可以低于这个价格，或者与之持平。

封顶定价：
跟校门口小摊学零钱成交法

本节实战目标

如何在初高中集中的商圈做好流量生意？这类商圈有一个特点，就是学生集中，下课时学生一下子就来了。学校门口摊位太集中，吸引学生并短时间内成交的有效策略就是封顶定价。

在初高中周边摆摊，虽然摊主对不同品类商品的定价策略不同，但它们都属于"零钱思维"，即定价不超过 10 元。这直接决定了走近你摊位并成交的学生人数。道理很简单，初高中学生一般在学校吃午餐和晚餐，自主的零用钱不会很多，因此商品定价不能超过初高中学生群体的零花钱均值，即 10 元左右。

校门口摊位上商品的品类会比较多，我在书中只列一些比较典型的品类及其有效卖法。

第一，小摊上的膨化零食，定价要在 5 元以内，"5 元任选2 包或 4 包"，能最快成交。其一，5 元是多数学生扣除正餐后的平均零食支出；其二，任选件数使用双数是为方便同学拼单。学生在校门口买零食更多是临时起意，因为还得回校上课，买太多带不进校园，所以学生们买了零食还要尽快吃完，更可能选择拼单购买。

第二，摆主食小吃摊的摊主，最好主卖一到两种便携的单品，定价为 5 元一个。初高中学生中午休息的时间比较短，边走边吃是常态，因此你最好卖有菜有肉有主食的单品，比如海苔饭团、菜肉卷饼、三明治和汉堡。5 元是"四舍五入"大数的临界点，定价超过 5 元的商品会令人觉得有点贵，买的人就少了。此外，整数定价更好算，能减少找零的麻烦。

第三，摆手工冰饮摊的摊主，用高中低价格带定价法能让中杯冰饮的销售量更高。星巴克采用的就是"大中小杯定价法"，数据显示，59.48% 的人选择大杯（中杯），26.72% 的人选择中杯（小杯），13.79% 的人选择超大杯（大杯）。这里有一个技巧，要想中杯规格的商品卖得更多，就要让中间价靠近最低价，与最高价形成更大的价格差。比如夏季手打柠檬茶的主卖价格为 7 元，那最低价就是 5 元，最高价可以是 11 元，主卖价格只比 5 元高 2 元却比 11 元便宜 4 元，再将 3 种规格设计为 450 毫升、680 毫升、850 毫升，与 3 个价格带反着来，显得中杯更划算。为什么要这样设计？饮料最大的成本其实是配方和包材，采用一样的配方，多加一点水，成本加不了多少。中杯卖得更多，摊主就能多进中杯的包材而少进小杯和大杯的包材，成本也就能更低，综合计算后能赚到更高的利润。

第四，卖瓶装饮料的摊主，可以采用加 1 元多一件的策略，

加快周转。对比原价 5 元和 1 元，"加 1 元换购"让第二瓶显得很便宜，很多人就想多买一瓶。而且学生一般结伴而行，他们的口味喜好可能不同，加 1 元换购也方便他们一次买两种不同口味的饮料。

除了采用常见品类商品的定价策略，你还可以通过以下 3 种方式卖出更多商品。

第一，想增加连带销售可用保温箱卖棒冰和冰矿泉水。价格不要超过 2 元。很多学生不能带智能手机进校，买东西找的两三元零钱与其放在口袋里，不如直接花掉。低价卖棒冰，赚的就是这些零钱。但我不建议你单独摆成品冰品摊，因为客单价太低，没有多少利润。

第二，应用价格错觉及视觉错觉设计标价签。比如，可在"9.9 元"旁标注"原价 10.9 元"，原价的字号要更小且统一。"9.9元"则可换一种标注方式，将第一个"9"放大，第二个"9"缩小。这样就强化了 9 元，加之旁边的"10.9 元"，就突显出 9.9 元的便宜。低于 10 元的商品打 5 折，写"折扣 50%"更有冲击力，因为 50% 这个数字更大，容易让人产生更强烈的错觉。

第三，做有趣的营销活动，让其在学生群体间传播。比如餐饮店的私域社群用法——"对暗号"，也可以在同类型群体中使用。你可以试着针对不同年级的学生设计一句专门的暗号，再把这个暗号告诉学生中的活跃分子，比如上半句是"天王盖地虎"，你就回"3 元买大辣堡"。这样，你只要固定摆摊时间，就能在校门口收获很多固定的学生顾客。

小结一下

零钱思维：定价是否超过 10 元直接决定学生群体客流多少。

鼓励拼单：加 1 元换购一件和"5 元任选"，采用双数件方便学生拼单和分享。

提升连带：摊上配一些 2 元的商品，可增加连带销售。

技能挑战：试着给自己的摊位做一个更加显眼的标价签，用对比法写出原价和现价的差异。重点是突显你的商品价格便宜。

年节营销：
跟春联小摊学赚"流行"的钱

本节实战目标

　　如何用流行的东西赚到钱？很多人以为今天的互联网已经拉平了各地的信息差，实际上并没有，反而形成了更多的信息茧房。相对来说，在北上广深这些大城市，流行的东西，会逐步走向大众市场，有时候你在大城市里觉得很平常的东西，在其他地方却很受欢迎。因此，春节期间，就有很多返乡的大学生和年轻人开始摆摊赚钱。这一节我们就来看看他们是怎么通过整合资源并靠信息差赚到钱的。

　　前几年提倡"就地过年"，春运的人流少了好多。在那些很多人出去打工的城市里，商店的生意都不太好。你过年回家，其实会给家乡带来很多信息增量和消费贡献。人们常说"有钱没钱，回家过年"，但其实回家也可以有钱赚。商业下沉，其实就是利用信息差，在信息相对滞后的地区找到更多的生意机会。那我们是不是也可以利用这个信息差，赚点零花钱呢？最快速的方法，就是借春节往来的消费高峰期，在回乡过年团聚的时候，顺便摆摊把钱赚了。

那适合春节假期摆摊的项目有哪些呢？下面就来讲一讲 2024 年大众市场中的摆摊爆品及其摊主。

1 抓住龙年热度

第一位摊主是在杭州上学的大四学生，他在一家电商公司实习，他不让我透露他的名字，就叫他小黄吧。小黄所在的电商公司，其业务是为直播间选定商品。因为 2024 年是龙年，所以在 2023 年 12 月初，他就在公司看到了很多春联、挂饰的样品。这些款式的商品是他在老家见都没见过的，算是让他打开了视野。而且这些款式的商品在元旦期间的电商直播间里非常热销。

因为大四课程少，放假也早，小黄原本想利用这段时间继续留在公司实习。但这时他有了一个新想法，提前回乡摆摊卖春联。这个想法，是受这次电商直播间热卖的启发才产生的。当时他拍了这些样品的照片，在网上搜索对比后发现，它们在各大批发平台上的价格都很便宜。他在想，家乡看直播的人不多，而且当地人买春联和年画的时间基本集中在春节前 10 天到除夕前两天之间，这时线上基本不发货了，反而是线下有更多机会。他觉得在家乡卖这些商品的可行性很高，于是立刻开始行动。

他选的是与生肖龙相关的商品，和往年主打威武形象的龙不一样，他选的是比较"萌"的，在今年春节的红色饰品中显得比较特别。这一代孩子是看着动漫长大的，而动漫对很多猛兽都做了萌化处理，比如熊大熊二。

当然，家乡的人对黄金这类元素还是特别喜欢的，因此他也批发了一些有龙的黄金色小挂饰等。这些商品，他都是在线上批发后，直接寄回家里；而且在回去之前，还让父母在当地最热闹的菜市场租了一个临时摊位，虽然今年春节前天气特别冷，影响了客流，可摆了 10 天摊，扣掉成本和摊位费，最终他还是净赚了 3900 元。这已经超过他一个月的实习工资了。而小黄和我说，有了今年的经验，明年春节他可以早一点来做准备。这样春节赚了钱，还能给父母买点年货。

2024 年春节返乡时春联卖得好，是有特殊背景的。2024 年是龙年，而中国人对"龙的传人"是有执念的。出生率就足以证明这一点，在上一个龙年 2012 年，出生率是近些年最高的，新生儿数量是 1635 万，是 2022 年的近两倍。越是选择在龙年生孩子的人，越是重视传统，他们对本命年商品的祈福型消费热情也会更高。比如在 2024 年春节，12 岁左右中大童服饰的生意就前所未有地好。一个做中大童保暖内衣的厂家告诉我，他们当年年货季的销售额比上年同期整整翻了 11 倍。如果想摆摊，此时你可以选一些带新奇龙元素的红色中大童卫衣，在社区广场附近摆摊销售，生意也会很不错。

2 卖祝发财的商品不会错

我们还可以扩展一下小黄的思路。在龙年卖得好的生肖用品，要是换到别的年份，反而不一定卖得这么好，那我们就可以调整单品。同样是卖春联，我们可以扩展一下场景，比如卖给宠物的春联。比如，贴在猫窝上的小对联：猫肥屋润，毛顺屎圆，这些对联击中了年轻人的情绪需求点。这也是春节摆摊时的增长机会，现在宠物经济爆发，养宠人多了。2024 年的春节，不管带不带"毛孩子"回乡过年，养宠人都非常乐意买这些小对联给家里添添喜庆。

那还能卖些什么呢？可以卖带有老百姓最喜欢听的吉祥话的饰品，在春节期间，我们最喜欢听到的吉祥话或许就是"恭喜发财"。刘德华连续二十几年在临近春节期间，就得"到超市上班"，不断循环唱着"恭喜发财"。人们在春节期间喜欢听吉祥话，虽然我在超市听了 20 年的"恭喜发财"也没发财，但绝对不耽误我爱听它。

2024 年的大年初五既是情人节，也是中国传统的迎财神日。爱神和财神在同一天来临，朋友圈含"财"量却达 90% 以上，任爱神在宇宙中心怎么呼唤爱，都难以掩盖人们对财富的追求。

2024 年的春节饰品中的财神爷特别萌。憨憨的圆润的脸上带着微笑或大笑的表情，手上拿着印有"暴富""盆满钵满"等吉祥话的元宝，加上一个点睛的设计——财神爷"摇头晃脑"的，仿佛一直在对你说：买了我，你就等着发财吧。这要是摆在摊上，就算 10 元一个，卖得也不会差。另外，你可以把财神爷和春联放在一起卖。没人能拒绝春节的好寓意。

再看发财这个关键词。在 2024 年的花市中，有四款花卖得特别好，一款是更多用水培方式种植的发财树，还有一款金银柳，因为与"金银留"谐音而广受欢迎。还有两款就是我在多肉基地中发现的，叫作发财手和吸财树的多肉。

3 省时省钱变美是爆发力强的好生意

如果你是另一个"小黄"，那么千万不要忽略女孩子们爱美带来的生意。春节前，大城小镇的女孩子们都很喜欢做过年三件套：烫发、种睫毛、美甲。这三件套的每一样都有讲究，能让人美在口罩挡不住的地方。尤其是美甲这种服务，女孩子们坐在美甲店里被服务方捧着手慎重对待、精雕细琢，既是在买好看的指甲，也是在买良好的感受。但每年这时，女孩子们都对美甲店的排队现象颇具怨气。做一次指甲就得个把小时，就算熟练的美甲师一天也服务不了多少人，根本接待不过来很多人。

蔡钰在得到的"商业参考"中讲到，进入 2024 年 1 月，有一群机智的美甲女孩转投了穿戴甲阵营。在批发网站 1688 上，"穿戴甲"这个词 1 月的日均搜索量同比增长了 309%，搜索次数也同比增长了 292%。淘宝上不少 9.9 元两对的穿戴甲商品，在 30 天内有超过 20 万人下单。春节前，红色系的穿戴甲卖得特别好，买上一对，既迎合春节的氛围，又节约了时间。

我在义乌夜市里看到，在离穿戴甲批发城很近的地方，一盒 6 对的穿戴甲都能卖到 25 元，更不要说在一个县城里了。帮女孩子们在春节快速变美，这也是一门能在春节期间赚到钱的好生意。

小结一下

生肖大年：要卖与生肖图案有关的单品，而且最好能产生反差萌。

卖有发财寓意的单品：卖能"动"起来的单品，它们比静态的要吸引人。

省时省钱变美：穿戴甲花样多变，和在美甲店做美甲有巨大的价格差，客单价低，但需求量大。

技能挑战：列出你所在城市春节期间最热闹的地点和时间段，主要的风俗习惯，并说明该城市是属于劳动力输出型城市还是劳动力输入型城市。根据上述的信息，为蛇年的春节营销做一个新增品类的计划。

转介绍：
跟纸巾小摊学找目标用户

本节实战目标

如何找到愿意帮你宣传的顾客群？要找到与你有共同活动爱好的群体，你的商品才能有更大概率被传播。比如广场舞方阵，这一类人群中有很强的从众效应，如果你的商品能够让他们满意，他们就愿意帮你主动介绍。

说到广场舞方阵，在山东临沂沂南县的一家购物广场，其员工在拓展私域客户的时候，就是跳着广场舞，穿着统一的工作服，手举二维码完成第一批私域用户累积的。他们用的方法是1元换购99元的小米手环，以此吸引广场舞方阵中的人进行转介绍并加入私域。接下来我们看两个实战案例。

1 隔辈亲带来的关照

在"黄碧云的小店创业课"的影响下，我每年的 6 月、7 月，总会收到高中毕业生及其家长对摆摊技巧的询问。我特别理解，孩子高中毕业后马上要上大学了，有的家长确实想锻炼一下自己的孩子。当然，这么做也有更实际的原因，就是能攒一些生活费和路费。但无论如何，自己能把东西卖出去并赚到钱所产生的成就感往往是其他成功无法替代的。

这一类摊主，在摆摊时要从选对商品开始。这种商品应该是不需要手艺的，应该是顾客家中多一个不多，少了真不行的商品；最重要的，是不怕过期，真的卖不完，自家也能用的商品。那是什么呢？是抽纸和卷纸。而且这一类商品还轻，学生搬起来不费劲。

而在家庭端，像纸巾这一类的商品，家里多一包不多，少一包不行。售卖的方式最好是买一送一，买大送小，20 元任选 3 提，买多更省的方式能鼓励顾客多买。纸巾靠量赚毛利额，因此毛利率不要定太高，要在 10% 上下。切记，不要做单品折扣，卖得慢，顾客还感受不到便宜。

那怎么集中卖得更多呢？你要移动到主要受众群体中去售卖。而纸巾购买的主力人群是负责家里日常开支的阿姨们，她们最集中的场景就是跳广场舞的时候。你可以收集几个跳舞点和时间段，把摊位移动过去。你主动吆喝，看到她们，要喊"纸巾今天很低价，不仅便宜还好用"。你可以趁着她们跳舞流汗时，把纸巾试用品递上，介绍这种纸巾吸水性好，擦了汗也不掉纸屑，然后马上说今天有什么优惠，买什么送什么。一般她们一看摊主是孩子，商品价格不贵，都会呼朋唤友一起来买。这里还有一个小技巧，就是摆摊时你要尽量穿校服，跳广场舞的阿姨们内心的"隔辈亲"，会让她们因心疼而照顾你的生意。

你可以用同样的方法在几个广场舞集中的地方轮转摆摊，在顾客的纸巾消耗得差不多时，你就又出现了，而老顾客就会再把你介绍给没买过你纸巾的朋友们。当然，你得做到货真价实才对得起这份"疼爱"。

那反过来呢？道理其实也是一样的。在网上很火的上海篮球场卖水阿姨，她的做法是带着十几张小凳子去卖水。因为这个篮球场没有坐的地方，她把小凳子摆在那里就是给打球的人休息的。看这些打球的人出了一身汗后，她立马就会递上纸巾给他们擦汗，关键是她会一直表扬他们打球打得好。她也不喊人来买水，可是这些年轻人坐下后，自然会买两瓶水。等打球的人走的时候，她还会感谢买水的人照顾她的生意。这样她就留住了这一拨爱打球的年轻人。

你只卖单一品类商品的时候，对于销售对象，你心中要有清晰的画像。对单一品类你要采用多种运营动作，通过流动摊找到同一人群，而如果他们愿意帮你多介绍顾客，你就能有更大的销售和复购的空间。

2 没时间的上班族的需求

那用流动摊我们还能做什么呢？我们来看一看已经进入

"二百亿俱乐部"的深耕福建的朴朴超市，它做的是生鲜前置仓生意。它是如何通过在各大社区摆摊累积下来第一批种子用户的呢？

朴朴超市的创始人叫陈兴文，媒体人出身，福建南平人，在福州生活了 20 多年。作为一个在福州生活多年的人，陈兴文对福州这个地方有两个洞察：第一，福州是一个多山的地区，山地丘陵占城市总面积的 70%，居民们出门买菜比较麻烦；第二，在沿海地区，消费者对生鲜海产的需求量比其他地方更多也更频繁，而且更挑剔，他们对"新鲜"的要求远远高于其他地方的人。沿海地区的消费者不喜欢一次买很多的鱼肉蛋奶放在冰箱里，反而愿意每天买，因为这样能够保证食材新鲜。福州人的味蕾从小就被培养得很敏感，鱼即使被蒸熟了，福州人也能尝出来其新鲜程度。

而在 2016 年，本地最大的超市是永辉，但它并不送货。这些条件综合起来后，陈兴文认为，给居民配送生鲜上门是商业机会。同年，朴朴超市开业了。和别的商超宣传不一样，陈兴文除了在本地的各种路牌、公交车上密集打广告，他还进入各大社区摆摊做地推。他没有强调"朴朴"这个品牌，而是反复告诉福州居民：生鲜食材，30 分钟内送货上门。而这恰恰是那些要上班的双职工家庭最大的需求点，如果家里有个孩子，那么这个需求就更强烈了。陈兴文通过摆摊了解到顾客的这个需求，也将双职工家庭作为后续重点攻克的消费群体。

而之所以采用摆摊进入社区的方式和用户面对面，是因为"见面三分情"，拉近距离后，陈兴文可以进一步提供更多福利。

新客户通过注册可获得 3 盒清风抽纸，在进入新客户界面后还可以用 1 元购买 12 瓶矿泉水。这些操作，老年顾客是不太能完成的，因此年轻的双职工家庭群体是朴朴超市的第一批种子用户。而这一批用户有极强的消费力，也是当时互联网行业最想拉新的一批顾客。

朴朴超市算过一笔账。当时，线上获客成本为每人 15～30 元，在今天看起来这已经非常便宜了。再反观朴朴超市，清风抽纸采购单价在每盒 1～1.5 元，意味着线下超市获客成本在每人 4.5 元左右，加上 1 元购买 12 瓶矿泉水或其他超值优惠活动，从商品的企业采购价分析，其中的补贴额度大约为每人 5 元，意味着朴朴超市获得一位完整使用过平台核心功能的新用户的成本不到 10 元，远远低于当时互联网行业的用户获取成本。关键是，朴朴超市获取的用户更为精准。

做线上生意，最好的获客渠道其实在线下。"见面三分情"不仅能拉近你与顾客的距离，还能让你更立体地了解顾客的真实需求。

2024 年，中国启动了第三轮大规模家电"以旧换新"活动。与前两次家电下乡一样，乡镇依然是这一轮以旧换新的主战场。而背后的原因很可能是，高单价产品在乡镇的传播更依赖于村与村、户与户以及熟人间的口碑。用流动摊位，到"人情网络"更为紧密的地方对产品进行传播，可以获得更多的转介绍并实现更高的复购率。

小结一下

选对商品：选不怕过期、少了不行、多一件不多的商品。比如纸巾等生活用品。

单一品项：让摊位流动起来以找到顾客。

有效地推：用摆摊拉近与顾客的距离，建立信任度。

技能挑战：试着给你要卖的商品增加情绪价值。比如，你要把商品卖给孩子的妈妈，她们很大一部分的情绪价值来自你对她们孩子的夸赞。夸得真诚、不显得刻意，这也是一个促进成交的技巧。

复购：
跟鸡蛋小摊学发名片

本节实战目标

如何让小摊有更高的复购率？小摊相对门店来说，没有那么稳定，有时候你能出摊，有时候可能就出不了摊，而只要不出摊，原来的顾客就可能流失。可你又暂时没有拍短视频或直播的能力，那么你其实不妨用最笨的办法——发小卡片。

有一个宝妈和我聊起，她的小孩上小学后，她白天上午的时间就空出来了，可孩子下午下课早，她暂时没有找到合适的工作，而自己整天追剧也确实很焦虑。后来她就看小区门口每天有大爷大妈弄点菜在那里卖，又打听到，在早晨 9 点前小区门口是可以摆摊的。因此，她来问我如何卖好鸡蛋。而她的先生就在县城鸡蛋批发店里上班，她就想自己是不是可以在小区摆个摊卖鸡蛋，既能赚点钱贴补家用，也能让自己不至于太空虚。

根据她的资源和情况，她要做的是通过摆摊，后续主动让老顾客来找她。她应该怎么做？我们一一来看。

1 鸡蛋组合销售方式

先说一下，在社区卖鸡蛋是一个长期可做的生意，因为鸡蛋有非常明确的消费周期性。摆摊虽然是临时的，但摆摊要定时定点。因为，你服务的是社区里的人，定时定点摆摊方便人家来找你。此外，你还要找好摆摊的"邻居"，和生意好一点的卖菜的摊主相邻，不要把摊摆在同样卖鸡蛋的小摊旁边，为小本生意起冲突就没必要了。当然，最好是能有个和自己熟悉的摊主，不熟也没事，一定要让自己和他们相处到熟。比如，准备几个鸡蛋小礼袋当作摆摊见面礼。一是因为再小的摆摊区域也有自己的规矩，老带新，少踩坑；二是偶尔有点事，熟人之间也能互相照看一下。

接下来要选好鸡蛋，可以用"三色选择法"，1 种普通蛋 +1 种粉色小蛋 +1 种青色的蛋。三色从视觉上最有辨识度，能吸引人走近。3 款商品的进货量比为 10∶5∶2。得到邻居认可后，可调高中间蛋品的进货比例。普通常见的鸡蛋是粉色和浅褐色的，在这两个颜色的鸡蛋里选择当地更认可的卖，比如华东地区最普遍的鸡蛋是浅褐色的。因为这个颜色的鸡蛋主要用来炒菜，大众对其价格敏感度高，我们就把这种鸡蛋的价格当起卖价，这种鸡蛋要卖得便宜一点。再选 1 种粉色小蛋，主要用来给小朋友做水煮蛋和蒸鸡蛋羹吃。还有 1 种青色的蛋，可以少量作为品项补充，而这也是为了展示出自己有足够的货源。

可以采用"买 5 送 1"，买 5 组更便宜等方式销售。你可以直接用鸡蛋原装箱加两个白色折叠鸡蛋筐装鸡蛋，再备一捆保鲜膜和捆绳、一根可伸缩杆，以及能放下这些且能平稳立好的小拉车。这个拉车的用处就是让你在没有空间铺开摊子摆摊的地方也能做生意。这些小道具在 1688 网站上的批发价很便宜。用原装箱能减少损耗，而且里面的牛皮纸蛋盒刚好是 30 个蛋一组，有人想买 30 个蛋时，你就用保鲜膜包好包紧，打个手提结，方便顾客直接拿走。

品名和价格用两色搭配法标记，可以用黑色油性笔写品名，用红色笔写价格，价格的字号要比品名的字号大一倍，并在价格的上方写上原价再用斜线划掉，用对比法让价格显得更便宜，人们往往也会被抢眼的红色吸引过来。这个摊主最大的优势是爱人在鸡蛋批发店上班，有进货资源。因此，她可以在销售过程中就边卖边聊地说："我家老公在批发店上班，一到货我就批发来了，今天刚到的蛋，新鲜，大家都是邻居，肯定得卖好东西。"再用一小块硬纸皮写上"刚到货，便宜卖"，用一根渔线挂在拉车的杆上。加上这 6 个字，就能和她提到的货源信息互相印证，更容易获取信任。

2 发卡片让顾客愿意找你

在小区卖鸡蛋做的是周边邻里的生意，刚开始的时候，他们更多地只是随机性购买。为了让他们找到你，你可以在初期分发小卡片。为了不让顾客扔掉小卡片，可以采取 3 种印法。

第一种印法，一面可以印上自己的微信二维码和电话，另外一面写上鸡蛋保鲜的小知识，这样顾客会觉得你很用心，也愿意和你聊几句，一来二去就熟络了。第二种印法，印上联系方式和鸡蛋的简单做法，以及一天要吃几个鸡蛋补充蛋白质，这一做法吸引的主要是宝妈。而且这能让你预估出，顾客今天买的鸡蛋多久会吃完，从而你也可以算出再出摊的时间。第三种印法，印上预订土鸡蛋的联系方式，再印上凭名片定土鸡蛋能立减 10 元。这就留下了下次交易的可能性。当然，你要确定一下你的鸡蛋真的是土鸡蛋。为什么不在一开始就加微信呢？这是因为顾客还没有建立对你的信任感，即使一开始加了你的微信，很大概率他们最终也会删掉你。何不在展示你的价值后，再让顾客加你的微信呢？此时顾客会更愿意加你的微信，你们的关系也会更稳固。而后续就算你不摆摊，信任你的老顾客也能找到你。

在此案例里，这位摊主在社区里摆摊，做的是长久的生意，而且要让人之后还能找到她。她追求的不是一次卖很多鸡蛋，而是要想办法产生更多的复购。这里一定要注意，在固定位置、固定时间出摊非常重要，一旦有回头客来找，而他又没加你的微信找不到你，你就很容易失去这个老顾客。

在一个固定小区旁边，卖鸡蛋的摊主一周至少要出摊 3 天，一定要和摆菜摊的摊主同步。小卡片要不断地发，上面要有二维码，这样才能让顾客找到你。

这套思路，并不是只适合小摊的小把戏。这套思路在大的连锁店业态中一样适用，比如钱大妈连锁生鲜店采用的思路就与此很类似。2021 年，钱大妈在经历了一段时间的困境后，通过一系列的调整和创新，实现了业务的复苏和增长。从表面上看，钱大妈经营的还只是一家只卖生鲜的小店，但实际上，这家小店只是它的流量入口，吸引了更多的流量沉淀在他们的小程序上。

而吸引更多顾客关注的办法，就是早晚在门口摆摊卖菜。早上摆摊为单品做增量，晚上摆摊为清当天库存，减少损耗。在这个过程中，钱大妈通过促销优惠吸引更多顾客，利用优惠券吸引他们关注钱大妈小程序，并通过促销政策吸引会员，将流量沉淀到自己的平台上。这不仅增强了顾客的黏性，也为后续的线上增量打下了基础。

有了基础量，钱大妈在线上业务方面进行了重点布局。通过加大次日达的补贴力度，吸引了更多顾客在线上购买日用品。这种线上线下的结合，不仅满足了顾客的多元化需求，也提高了钱大妈的盈利能力。同时，她通过优化门店布局，降低房租和用工成本，进一步提升了经营效率。

最后，钱大妈在借仓重组方面进行了创新尝试。钱大妈通过与品牌商和经销商合作，将部分商品存放在厂商的仓库里，由经销商负责送货。这种方式既降低了仓储成本，又提高了送货效率，也给门店带来了更大的增量。

小结一下

保证合规性：小区摆摊确认合规性。

小摊灵活性：可以一拉就走。

争取复购：先在固定时间、固定位置出摊，再通过微信留下老顾客。

技能挑战：做一张能把自己介绍到位的名片，把个人微信二维码放大印在上面，同时印上自己主要的经营项目内容，并且一定要让对方有加你微信的意愿，比如你能送货上门等。

私域：
跟卤味小摊学发朋友圈

⇨ 本节实战目标

如何用私域留下喜欢你的老顾客？和前面摆鸡蛋摊时发名片比起来，售卖有些品类的商品时，你也可以设计一系列可以直接加微信的方法，从而沉淀私域。要是碰到恶劣天气，你不出摊，附近的老顾客就找不到你，或者他们在家忽然想吃点东西时，他们有你的微信就能直接找到你，而你直接收微信转账，这一单生意就成交了。

拍短视频既能吸引更多新顾客，也能让老顾客找到你。如果你已经有一些特别相信你的老顾客，或者你摆摊的位置天然就有强信任基础，那么除了短视频，你还要学会运营私域社群。我们来认识一位通过摆摊搭建私域的卤味摊主。

我在朋友圈里刷到过这么一段对话。有人问："为什么你每天要晒锅底？"对方说："我想让顾客知道，我的商品是当天做当天卖的，让他们放心。"

从这段对话中，我们能看到两个信息：一是这个摊主已经加了不少顾客的微信；二是她每天的销售量都还不错。这位摊主在小区里卖了一个多月卤味熟食了。她最有意思的做法就是，每天会在朋友圈晒卖空了的锅底。这样做有两个好处：第一个好处是，她能累积周边老用户的信任度；第二个好处是，进行私域朋友圈的内容运营。

这个摊主是一位有两个孩子的宝妈，大家都喊她林姐，倒不是因为她年纪大，而是按照她的微信名喊的。她家里的老人都在乡下，没人帮她带孩子，她只能辞职在家带孩子。可林姐是一个闲不住的人，在二孩也上幼儿园后，她就决定在社区附近摆摊。没有找到合适的工作，她就加盟了一个小卤味摊，叫"汇光皇后"，还带着品牌标，说明这是经过注册的商标。我去查了查，才发现这是一个加盟连锁的品牌，只是加盟方式不是开店，而是摆摊，这就大大降低了加盟的门槛。而这个起源于郑州的品牌据称是"被小区居民吃出来的"。这个品牌从 2018 年发展到现在，已经有超万个小摊加盟了，发展速度非常快，其杠杆就是私域及社群运营。

相对于关注一个视频账号，让顾客愿意关注朋友圈是更难做到的事。那到底为什么大家愿意关注这个摊主的朋友圈呢？我们一起看一下她的操作方法。

1 强调邻里身份

第一个原因肯定是她的产品品质过硬，这个小摊的主打产品是口水鸡、卤猪蹄、酱香鸭等，味道都不错；第二个原因是，这位宝妈就住在本小区，来一个顾客她就说一次这件事。而只要是住在幼儿园和小学附近的社区里的居民，他们的孩子基本在一个学校上学。

因此遇到来买东西的顾客，她就说："我这里没有微信和支付宝扫码支付，因为平台的扣点太高了。能不能加好友转个红包？"这样她积累好友的速度就快了。大多数人都会加她好友，然后直接转账。你可能有疑问了，加了好友对方也可以删啊。可他们的留存率很高，摊主又做对了什么呢？说起来也是两点。

第一点，只晒锅底，说服力还是不够，她还会每天在朋友圈直播卤味制作过程，她会展现如何反复清洗食材，提示大家制作卤汁用的水是净水器里的水；会展现处理食材之用心，给凤爪剪指甲，给猪蹄拔毛，用热水焯一遍食材以逼出血水；还会晒出卤料调味品，强调自己用的是李锦记等大品牌的调味品。总之，她把顾客对制作过程关心的点都理出来拍成了小视频，然后再说明一下出摊地址，每天在 10 点和下午 3 点把视频发到朋友圈里。

第二点，加了好友后，顾客可预定送货上门。只要顾客预定了，她就会在中午 12 点和下午 6 点这两个饭点前将商品准时送达。而且只要是加了好友的顾客，摊主在每次送货时都会再送一盒素菜卤味，或者加送一个小鸡腿。这样你还舍得删掉她的微信吗？大多数人都不会的。而遇到恶劣天气时，这个摊主就可以直接在朋友圈里发布商品信息，只做预定单。

2 不过度打扰

　　说到这你会发现，林姐基本都在朋友圈里发布卤味的售卖信息，很少像别的一些私域运营者那样，动不动就用领优惠券拉你进社群，然后每天在群里轰炸你。这也是很多人对私域的误解。私域的作用本质上就是让顾客快速地找到你，让你更好地服务你的顾客。我和这位摊主聊了聊，她告诉我她这么做的原因：这是为了给顾客一种自在感。她摆摊时能加到微信的用户，大部分彼此认识。想拉人进群，她就得用一些优惠券和领福利的方式，这就会让他们产生抵触心理。

　　因此，有些人只加微信却不进群，这也没有关系，能让他们看到朋友圈就行。她每天在朋友圈发完"准备出餐，可订卤味"的信息后，马上就会收到微信。摆摊是线下转线上的一个有效接口。线下体验，线上复购。林姐的这个小摊每个月都有比较稳定的收入。

3 依社交兴趣而建群

　　建私域是不是就一定不能拉社群呢？其实也不是。林姐和我说，她的顾客大部分都是附近的宝妈们，林姐因为自己有两个孩子，而且都是自己一手带大的，所以一直没少学习育儿知识。顾客买卤味的时候，林姐就会和他们聊几句育儿之道，而且林姐除了分享与卤味相关的视频，也会在朋友圈分享一些育儿小心得。这样一来，很多宝妈都愿意和她聊天了。

随着聊的人多起来，林姐就想着干脆建一个群，方便宝妈沟通，还能分享很多带娃的小方法。每个宝妈都有自己的一些育儿经验，这个社群就显得异常活跃。有人想找一个靠谱的兴趣班，还有人询问不同年龄的孩子适合什么样的玩具等，也会有人在群里推荐相关内容，慢慢地，进群的宝妈更多了。而林姐也不会在这个群里发卤味广告，否则很容易破坏宝妈对她的信任。当然，要是有人在群里问今天有什么卤味，林姐也不会反对，这个时候林姐往往就能多卖几份卤味出去。林姐说，社群里的人更多是因为共同兴趣而聚在一起的，这个社群虽然不为卖货而建，却能让更多忠诚的老顾客留下。

林姐的私域运营方式，可以说是非常有想法的。依兴趣建社群，也是今天很多门店和大品牌社群的运营方式。

线下生鲜店如何通过社群卖榴梿？我认识的一位在山西开生鲜店的客户，每年都能在旺季卖出比别人多几倍的榴梿和菠萝蜜。她运营社群的细节，就是把喜欢吃榴梿的人吸引到一个群里。榴梿粉们除了爱吃榴梿，还喜欢用榴梿来做一些蛋糕，她也会鼓励意见领袖们多在社群里发言分享经验。而生鲜店还会发放对应的榴梿福利券，顾客可以用它在每周二和周四的榴梿拼团预售中抵扣现金。因为有预售，所以榴梿的损耗就能从 30% 降到 5% 左右，而节省下来的 25% 的成本，生鲜店就会全部折到榴椪的价格里，这就让榴椪粉们能用更低的价格买到榴椪。而一传十，十传百，当地很多爱吃榴椪的人就加入了这个社群。

我们还可以学习卖珠宝的周大福。周大福在累积了一定的私域后，就开始建立各种有意思的社群，像减肥群、育儿群、护肤群……周大福建这些社群不是为了卖货，而是为了提升消费者的黏性。周大福以自身为节点，建立了能够让用户和用户社交的社群。而这带给周大福的好处，就是让用户对周大福产生更大的信任。

当然，你还可以建短期快闪群。国内有一个宁夏的枸杞品牌，他们通过在店里加微信的方式留下了很多到宁夏旅游的消费者的联系方式。枸杞虽然是一种药食同源的滋养品，可最大的痛点就是顾客买回去后，可能就不太记得吃了，这就导致了枸杞的低复购率。那怎么办呢？他们用的方法是根据二十四节气建快闪群，比如，立秋如何用枸杞润肺祛燥。而这个群有意思的地方，就是每半个月建一次并解散一次。朋友圈里的人可以根据自己的喜好进对应的群。而因为有时间限制，所以这个群就变得异常活跃，通过这样强周期的提醒，枸杞的复购率自然不错。

线下摊位拉人，线上私域留人，这样才能在目前增量越来越难获得的前提下留下更多的核心老顾客。

小结一下

　　私域搭建：用邻里关系来拉近关系。

　　私域不是群：要给用户掌控感，让他找到你。

私域社群运营：搭建有共同兴趣的社群，强社交才会产生强复购。

技能挑战：注册好一个企业微信账号，用你的摊位图片和名字来做你的微信头像和微信名。你的目标是每天争取5个人来摊前，有1个人愿意加你的企业微信。当然，加企业微信的时候，你一定要说："我看不到你的朋友圈，但你能看到我的。"这样能打消顾客的疑虑。

卖货必备：
提升销售的12条锦囊

第二章的实战到此结束，除了上文中提到的，还有哪些方法有助于多卖货呢？**我再来补一份锦囊清单。**

第一条，六品组合更丰富。摊位的选品数量尽量不少于六。为什么是"六"而不是其他的数字呢？这是因为我们习惯四舍五入，认为"五"是大数，而"六"刚好既让人觉得丰富，又不让一个小摊难以打理。比如现拌凉菜摊，就可以采用五素一荤的六品组合。五个素菜是海带丝、素捆鸡、豆皮等，荤菜是凤爪。这五素一荤就是绝佳搭配。买凉菜时，顾客家里肉类硬菜基本有了，素菜多，就更符合顾客需求。而素菜就是引流品，吸引来的人多，也增加了卖出更贵的凤爪的可能性。

第二条，品越多，越要统一定价。仍然以凉菜摊为例，唯一的一个荤菜是凤爪，也叫"吃着玩"的菜，被连带销售的概率也会更高。这里要注意，你要按份卖，假设素菜一斤卖20元，那凤爪的价格也应该定为20元，但凤爪的成本不可能是20元一斤，那你就可以按20元一份卖凤爪，并且标明一份有5～6个凤爪。这种统一定价策略，会让很多顾客的选择从"买不买"，转换为"买一还是买二"。摊上的老板当面问你："要不要加鸡蛋"或者"加1个鸡蛋还是2个鸡蛋"时，往往是后者让你加鸡蛋的概率更高。

第三条，做好售后服务。在小吃摊上买了食物，很多人会带回家再吃。如果卖的是带汤汁的食物，一定要用防漏打包盒，这就方便了那些骑电动车接送孩子回家的人，以及步行的家长。有了防漏打包盒，他们就可以一手牵着小朋友，一手提着凉菜，不必担心凉菜的拌汁会洒出来。

第四条，自己给自己代言。如果卖的是饰品或是服装，那么你可以自己搭配穿着，佩戴自家爆款产品。最好在脸上、脖子和手腕处涂抹素颜霜，这样可以让产品看起来更好看。但你不要化浓妆，避免喧宾夺主。这么做的原因与直播间的服装主播关掉美颜功能的原因一样，都是避免与顾客产生距离感。

第五条，要让顾客多试用。卖服饰一类商品时，顾客愿不愿意试穿、试戴，本身就是筛选顾客的好标准。顾客试穿、试戴的时候你要适当夸赞，但不要过于夸张，夸顾客穿戴的整体效果比夸你的商品要有效。比如，"这耳环和你今天的发饰特别配，优雅中带着点俏皮"。从顾客拿起商品到第一次试穿、试戴的时间里，你要拿起一个好看的小筐，多放几样饰品，方便顾客试戴。卖饰品时一定会用到镜子，你的镜子上最好有美颜灯，让顾客看到更美的自己。为了增加仪式感，你要为饰品准备一些好看的包装盒，就算商品本身不贵，用包装盒一装，也会给这物件加分。

第六条，要让顾客有地方坐。只要空间允许顾客坐下来，成交的概率就增加了。比如端午节前，各地都有卖驱蚊香囊的摊位。这个时候你装好的香囊，就不如顾客自己装的香囊有吸引力。你可以准备好香囊袋，然后提供不同香味的草药，让顾客自助挑选装袋。

第七条，降低顾客决策的难度和时间。 如果你摆的是菜摊，那么你就要帮顾客想好今天三餐吃些什么。比如，对三菜一汤的搭配，你可以在黑板上写上对应的菜单以及菜价。菜单中的对应食材要集中在一起。如果羊肉是主推食材，那白萝卜、生姜、大葱等相关的配料就要有充足的库存，甚至买羊肉就送，以降低顾客搭配的难度。

第八条，要多发微笑的微信表情包。 这个做法是有根据的，比如你在朋友圈发一条卖货文案，使用一个微笑的人脸表情包，比不用表情包的文案带来的销售要高 6%。由于空想性错觉的存在，人天生对人脸的表情更敏感，多笑就能够增加销售量。

第九条，处理好客诉以留下顾客。 愿意来投诉你的顾客，大概率是想着下次再来的。其实，现在的顾客，越来越讲究效率，你的商品要是质量有问题，直接不来买就好。如果你碰到顾客投诉，一定不要急着狡辩，要先接住顾客的怒气，再给顾客制定解决方案，最后给惊喜。比如，顾客投诉水果坏了，你要立刻说："实在不好意思，可能是这个水果被压在下面，我没看到。我现在马上帮你换一个。实在不好意思，因为我们不小心，还让你再往回跑一趟，我这里再送一个新品给你尝尝。"这样，只要不是故意找碴的顾客，正常情况下都会被留住，大概率还会再来消费。

第十条，鼓励顾客多拍照。 社群运营的本质是社交。只要能让顾客愿意多拍照分享，你的社群的生命力就会更强。比如，一度特别火的"不要焦虑"绿色芭蕉，曾在各个办公室频繁出现。而这很好地利用了绿色芭蕉这种水果的特点。芭蕉是一种后熟水果，会自行释放乙烯催熟自己。如果你周一把它摆在办公室里，从周三开始，它每天能自己熟几个，这样你既可以自己吃，还能分享给别人吃。像这样有话题的东西，大家就愿意多拍照分享。鲜花本身也自带语言，很适合分享。这里所说的鼓励，不是你的要求，而是你给出的理由。

第十一条，争取"只是看看"的顾客。想卖好商品，就要少说"想买什么"。想一下，每当你问这一句话时，听到的最多的答案是不是"我随便看看"？而这时，你就很容易失去一位走到你摊前的潜在顾客。这就有点怪了，来的人不就是为了买东西吗，问想买什么，这不是很正常吗？其实问想买什么，就是再次强调你和顾客之间是"买和卖"的对立关系，这一问，顾客下意识想的是：想赚我的钱没那么容易。这样一来，你就把能继续交流的话题给中断了。更有效的话术是，直接描述商品的最大卖点。比如，你卖的是杧果酸嘢，你就直接说："杧果酸甜爽口。"这样的话刺激的是顾客的味蕾，而不会激起对立情绪。

第十二条，建立异业联盟。摆摊时，摊和摊要尽量互补和主动合作。比如，卖国潮饰品的摊主，可以和汉服拍照摊主动联盟。水果摊和鲜花摊面对的大多是女性顾客，两个摊并在一起为顾客提供打折优惠，就能产生更好的效果。

现在我们回溯一下初期的目标。摆个小摊是创业的开始，实战是为了让自己的摆摊能力更强。摆摊能力更强后，我们就不会只摆一个小摊了，而会将摆摊当作创业起点，撬动更大的财富值。

第 三 章

找到创业杠杆，
让你的财富值放大 10 倍

这一章，我们来看看通过摆摊来放大财富值的高手是怎么做的，总结一下他们的打法路径。这些高手有的从线下发展到线上，有的从摆摊发展到经营大夜市，有的变成做技术培训加盟，还有的从摆摊起步最终开设了自己的店铺。书中还提供了摊主开店后销售不太理想，如何通过摆摊来扩大门店销售的实战案例。

杠杆1：
从摆摊到开淘宝店

⇨ 本节杠杆参考

这一节的主角是在知名企业任职的严敏，产生财务担忧后，她试着从摆地摊开始，累积经验最后在淘宝开店，每年可获得30多万元的额外收入。她加大了财富的杠杆，从线下到线上通过打破时间限制来放大财富。

我先来介绍一下严敏。她毕业于某双一流大学，毕业后顺利进入了一家知名企业，工作特别出色，后来又拿到工商管理硕士学位。

严敏很有危机意识，开始考虑自己的财务安全问题。毕竟她的个人发展好像跟这家公司绑定了，如果有一天她离开公司，要怎么生存呢？

由于种种原因，她有了更多在家的时间，但一闲下来就容易胡思乱想。

为了缓解自己的焦虑，严敏就想着做点什么。她一盘算，自己小时候就喜欢卖东西，又看到附近街区有很多摆摊的人就想"对，要不就去摆摊吧"。这个念头一从严敏的脑子里冒出来，就没有被压下去。她鼓励自己去摆摊，就当去玩，顺便挣点零花钱。

有了这个想法，严敏就开始思考自己该卖些什么。

因为自己喜欢穿搭，她就决定卖些饰品和包。她在对几十个批发网站上的商品进行对比筛选后，决定做尾货销售。这一类尾货有以下几个来源：大牌或者外贸货剩下的库存，以及过季款式。这些尾货虽然过季了，但质量和款式都不错，重点是卖方还给了打包价，很划算，很适合摆摊卖。

可商品的款式很多，要怎么选呢？严敏就先到各大平台上看各个时尚博主发的搭配帖子，还自己在社交媒体上搜了很多其他人的经验帖，然后她又结合自己的喜好，以及自己小区年轻女生多的特点，挑选了对应风格和款式的饰品和包。

定下来卖什么后，严敏再去各大批发网站上搜索，之后选择在不同的平台注册并测试。经过几次对比，她先在各个平台上少量进货，慢慢地筛选，最终留下几个靠谱的供货商。

你看，严敏进货的思路非常清晰。进了货，她就决定要好好地设计装扮摊位。她买了漂亮的桌布，还加了一些星星灯，把包摆得好看一点，她还用标有价格的特价贴纸去吸引消费者。严敏在做完这一系列操作后，觉得自己的商品肯定会卖得不错。

可没想到，摆摊前三天，她放不开，也不怎么说话，根本就没什么人来她的摊前。到了第四天，她有点着急了，再卖不出去东西就赔钱了，于是她逼着自己，心一横，就尝试着吆喝起来。看到身边有人经过就招呼着让客人来看看。反复测试以后，她对吆喝也变得驾轻就熟，不那么害羞了，而且她发现这好像也没什么可不好意思的。慢慢地，她的顾客多了起来。而走过来的顾客看到她的东西确实不错，回头客也就自然增多。

严敏就这样摆了两个月的摊，也赚了一些钱。在这个过程中，她有了一个大胆的想法：去淘宝开线上店。这个想法，来自她这两个月的摆摊经历。

严敏说，摆摊属于劳动密集型产业，上限比较低，你只有做出摆摊这个动作才能挣钱，想获得"被动收入"，还是得开网店。

而让严敏最终下定决心开店的，是货源的不稳定。因为她卖的是尾货，供货商把货发过来后，货是不能挑的。这有点儿像开盲盒，好卖的货品不够卖，不好卖的货品得打折才能卖掉。而当时，她合作的一个厂家，相当不诚信，严敏付了货款，可实际上货却不对版。因此，严敏觉得想要生意长久，还是要严控品质。而要获得主动挑货的权利，她就要借助流量更大的平台提高销量。

严敏一和朋友说要开淘宝店，她的朋友就问："为什么要去淘宝开店呢？淘宝的风口都过了。"其实，一开始我和她的朋友想法一致。

可没想到严敏的想法却很有见地。她说，自己老是在淘宝上买东西，对淘宝还是比较熟悉。普通人是很难找到一个风口的，能接触到的大部分都是红海市场。可淘宝每天的在线人数还是那么多，这说明这个市场里是有机会的。严敏说，只要有人能赚钱，她就一定能成为赚钱的那一拨人，只是赚多赚少而已。

但说归说，严敏完全没有开淘宝店的经验。不过这也没有难倒严敏。严敏和我说，零经验摆摊给了她勇气，以及非常重要的 3 个开店技能：第一，就是先干了再说，不会就去学；第二，把摆摊时学到的从找进货渠道到筛选供应商的经验，驾轻就熟地移植到开淘宝店上；第三，踩坑的经历，让她格外注意违约谈判。

"不会就学"的勇气，让严敏学会了装修店铺、上架商品、修图、拍视频这些技能。而她给自己设立了清晰的行动计划：在网上搜索"副业""无货源创业"这种关键词，然后根据关键词找了 20 篇有效文章。她给自己立了规矩，要求自己每天看 5 篇，并且从每篇文章中总结出 3 条有用的信息；到了周五必须写复盘总结。有了这些行动计划，下班的时间就被她充分地利用起来。这样边学边干，她的淘宝店也就开了起来。

严敏和我说，摆摊的经历一直影响着她淘宝店的经营。第一是关于客服的。摆摊时，她在线下要和人面对面沟通，因此做客服时，她就很有对象感，对用户问的问题就有比较清晰的感知。第二是关于选品的。因为有卖尾货的经历，对什么好卖，什么不好卖，严敏能做出非常快速的判断。第三是关于推广的。学吆喝的经历让严敏知道，若要店里有更多客流，就得自己努力去找。

在严敏持续的学习和实践中，她也看到了短视频带来的红利。她之前在网上看了一些案例，有了些灵感，知道了小红书是女生的聚集地，上面有很多分享穿搭内容的博主和关注穿搭内容的用户。她意识到，这些人都是她需要找到的精准顾客，如果能吸引这些顾客，那她肯定能有不错的收入。于是在 2020 年 8 月，她写了第一篇小红书笔记，开始学习用小红书做推广引流。

她的笔记最开始时只有几个点赞，到后面开始有几十个、几百个点赞。通过不断地测试、复盘、改进，在反反复复地磨合后，她终于看到了曙光。她写的很多篇笔记都成功地引流到了她的淘宝店铺，实现了收入落地。严敏的小红书已经有了 3.2 万粉丝。

因为在小红书上不断做推广，所以严敏自然而然地又有了在小红书上开店的机会。而后来，严敏因为怀孕生育，就把自己的怀孕过程和运动过程发到了小红书上，没想到还接了一些广告，也有了额外的收入。而自己的店也真正地让她获得了"被动收入"。

严敏和我说，摆摊给她带来了 3 个改变，让她收获了"3个气"。

第一个是勇气，没有思路时，她会试着从最小的事做起，先干了再说，相信干了就会有新思路和解决方案。

第二个是灵气，学习肯定很重要，但更重要的是要有一线手感。严敏学会了洞察顾客最真实的需求，想办法和顾客离得更近。摆摊是离顾客最近的方式了，摊主可以和顾客面对面交流，能察言观色，通过摆摊收集到的信息也是最真实的。

第三个是底气，她觉得从摆摊到开店，到跨平台开店，再到接广告，她发生的最大改变是思维方式的变化，她有底气了，现在开店对她来说还是一个副业，但未来即便她真的没有工作了，她也不怕自己没有收入。如果你也对自己的未来感到焦虑，不妨学学严敏，摆个小摊学创业。先干了再说。

小结一下

摆摊的作用：和用户拉近距离。

摆摊的目标：站上创业起点，进行抗压测试。

摆摊的出路：突破时间和精力上限，获得"被动收入"。

杠杆运用：严敏用的杠杆就是从线下走向线上。想用好这个杠杆，产品先要能标准化生产，或者有入店的资质。如果达到这个标准，那你在本节中的任务是了解各个平台的开店规则，了解不同平台的客群，找到适合你开店的平台。

杠杆2：
从摆摊到开直播间

⇨ 本节杠杆参考

这一节的主角是一位卖三明治的摊主，叫小明。我先来介绍一下小明（化名，本人不愿意透露真名），他是在长沙摆摊的"80后"。他原来开的餐饮店没有挺过疫情，为此他从负债开始，从摆一个小摊做起，再将线上直播教带货当作放大财富值的杠杆。他放大财富值的发展路径极具启发性，值得创业者学习和借鉴。

这一节就来梳理一下小明的发展路径，看看哪些是我们可迁移借鉴的。

1 用短视频记录摆摊

小明经营的餐饮店倒闭后，赔了不少钱，家底都掏空了。他的孩子还在上学，老婆的收入也不足以支撑一家人的开支。他在很长一段时间内都没有找到合适的工作，想着家里确实没有多余的钱再让自己创业了，就盘算着先花小钱摆个地摊。小明认为要做自己擅长的事，于是开始卖自己擅长制作的三明治。

其实，在摆摊初期，小明既拉不下脸在楼下摆摊，也不好意思到自家孩子所在学校的门口摆摊，怕被孩子的同学和他们的家长碰到了不好意思，毕竟自己原来算是一个企业家。因此，他就骑着车到比较远的小学附近摆摊。没想到，他第一天做的 20 个三明治一摆出来，就因为高颜值，不到半小时就卖完了。他第二天多做了 10 个，依然很快卖光了，有的顾客还是前一天来买的人介绍过来的。这就给了小明莫大的鼓励。这样摆了几天摊后，他慢慢就放开了。

他想到自己有原来开店时拍短视频宣传的经验，觉得自己这个出摊的经历很值得记录，干脆就边摆摊边拍短视频，每天剪一段视频发到网上。因为制作手法娴熟，出品的三明治颜值很高，看小明短视频的人越来越多，因为短视频而来到摊上的人慢慢变多了。小明也逐渐悟到，通过摆摊能吸引更多人的关注。于是他把视频号的二维码放在了摊位上，边卖三明治边邀请别人关注他的视频号。

可是，如果固定在一个地方摆摊，视频号关注人数就增长得慢，他要让自己的摊位主动去找更多顾客。于是，小明就把摆摊工具简化了，一张小桌、一个保鲜箱，把这些放在电动车上，小明就能即刻出发。摊位有时摆在大学城附近，有时摆在公园里，桌子一撑，铺上桌布，小明就可以摆摊开卖，并让顾客加关注了。就这样摆了大半年摊后，小明累积了不少的顾客。通过短视频找小明下订单的人也越来越多，小明甚至还能接到一些公司的午餐小团购，这就让小明越干越起劲了。

2 依托视频号创建直播间

与销售增长对应，小明的短视频内容也越来越丰富，他经常分享自己摆摊的心得，也吸引了不少想摆摊的人来看他的视频。有越来越多的人问小明，如何将三明治做得好看，能不能分享一下食谱和制作方法。小明开始也只是在评论里回复他们，可这样一一回复，速度太慢，答案也不直观。他想，要不就开直播吧，把自己制作三明治的过程直接全程直播出来，这样自己既把摆摊卖的三明治做完了，又把制作方法分享了。

而让小明没有想到的是，看直播的人数从原来一场几十个，到几百个，到了 2024 年 4 月，小明一场三四小时的直播，已经有 2000 多个人看了。

直播间的评论区里不停有人问问题：小明你用的这个削皮刀不错，在哪里买的？你这个三明治用的午餐肉是什么牌子的，能不能给个链接？问的人多了，又赶上 2023 年视频号鼓励直播，有超过 1000 人关注的小明就有了带货的资格。于是，小明一边直播，一边把制作三明治用到的食材和物料都挂进了小黄车里。他一场带货直播的销售额有 800 ~ 1500 元，按佣金 20% 来算，再加上摆摊的收入，小明一天的收入就很可观了。重要的是，直播间交易会随着直播时长变长而增长。

除此之外，不直播的时候，小明还会把这些食材直接挂在视频号的商品橱窗里，很多通过刷短视频进来的顾客就可以直接购买了。

3 通过寄卖增加渠道

小明在摆摊半年多后，收入来源就变成了线下摆摊加线上直播带货了，收入有了几倍的增长。但就在这时，小明告诉我他遇到了一个新的难题。夏天马上到了，天气逐渐变热，三明治容易变质，他每天摆摊的时间会变短。为了保证收入，他需要在家延长直播带货的时间。但这样一来，矛盾就出现了。直播时间一长，做出来的三明治数量就会变多，而摆摊时间又会变短，三明治一下子就卖不掉了。

那该怎么办呢？在周边做了一圈调研后，小明认为将三明治在别人的店里寄卖是一个可以快速消耗过剩三明治的办法。于是，他把小区和小学周边的文具店、早餐店、生鲜超市、水果店和咖啡店等有冷藏柜的店都跑了一遍，初期就谈好了5家寄卖店。

小明说，在他谈寄卖的过程中，拍了大半年的短视频派上了用场。小明和每个店主谈寄卖时，都先请对方看一下自己的短视频，再和店主说自己是在同一片区做手工三明治的摊主。这样就能先赢得店主的信任，只有这样彼此才能再往下谈。接下来小明会把自己的三明治拿出来给店主试吃，然后说："你有店，我有手艺，有时间；把三明治放在你店里卖，能给你店里增加 100 多元钱的收入，时间长了，这也不是一笔小钱。你要是实在不放心，那我们就先合作一天看看。"小明说到这里，大多数店主都会心动。

这时，小明再把利润分成方案拿出来。比如，成本为 3.5 元的鸡排三明治，给店主按 5 元供货，店主即便以 8 元的价格出售三明治，价格还低于市场价，如果卖得好，一天卖 30 个三明治，也能赚几十元。店主一算，自己不增加人工成本却能增加利润，基本上也就同意了。小明和我说，有些店主如果还有迟疑，而他的店面比较大，生意也比较好，那么他就主动和店主承诺自己少做这个小区的预定单，到其他小区去摆摊，让店主再多赚一点。这一系列操作，又能让不少店主心动。

小明从摆摊做起，发展到拍短视频，再到直播免费教学和直播带货，最后实现多点寄卖，完成了自己的创业闭环。尽管距离还清债务的目标还有一段距离，可至少小明当下实实在在地改善了家里的经济状况。

小结一下

拍短视频：通过摆流动摊增加用户，再用短视频内容留人。

开直播间：以免费教学吸引观众，卖制作三明治的同款工具和食材。

用寄卖降损：天热三明治易变质，利用店内寄卖增加销售渠道。

杠杆运用：今天的线上直播间，是更多普通人能用好的放大财富的杠杆。如果想通过摆摊实现直播，再到带货，你的目标是先累积 1000 个粉丝。因此，本节的学习目标，就是通过不间断地发布短视频，来吸引第一拨喜欢你的人。

杠杆3：
从摆摊到开连锁品牌摊

本节杠杆参考

　　一个小摊摆好了，是不是也可以做连锁摊呢？答案是肯定的，很多人开店，就是为了开连锁店。而连锁的本质，是复制一家店的成功经验，做大规模来降本增效。开店可以这么操作，摆摊当然也可以，特别是在夜市经济快速增长的势能下。这一节，我们就来看看几位摊主是如何从摆一个摊到摆几十个摊，再到摆几百个连锁摊的。

　　想做连锁摊，初期的基础打得越好，后续踩的坑就会越少。本节提到的几个连锁摊，虽然各自售卖商品的品类不同，但总结起来有三个共同点，其商品都需求量大且损耗低、口味受众广，有技术门槛却易采用标准化，可以采用合伙人制。

1 主食类是民生刚需品类

长沙的一个地摊炒饭头部品牌，叫小二炒饭，目前在长沙有几十个连锁摊铺，在 2024 年已经开到深圳和东莞去了。

这个品牌之所以能快速实现连锁，是因为它抓住了炒饭这个地摊大品类。主食属于刚需商品，是民生必需品。而长沙的夜市在下午 5 点开市，夜市中的美食就变成了很多"下班一族"的晚餐选择。顾客基数大，销量自然不会低。

再加上炒饭容易标准化，按步骤顺序和配料配比操作即可，做法很容易复制。

关键是炒饭是一个损耗极低的品类。米加热后是要经过冷藏的，因此不太容易腐坏。而炒饭里加的配料大多是腌制菜，如酸菜和腌萝卜等，除了生鲜，炒饭里要加的鸡蛋、葱花等都不是当天必须卖完的，这就降低了损耗。同时，炒饭作为主食，工作日和周末的销量差距非常小，这样准备原材料的准确度就会比别的品类要高。

有一个 2023 年火起来的品牌，叫一元寿司，寿司一元一个起售，看着非常便宜。虽然二者形态不一样，但其实寿司和炒饭有两个共同的特点。一是属于主食类，二是属于冷制食品。寿司要是真的卖不完，冷藏到第二天也能卖掉。寿司的优点还比炒饭多一个，就是摊位旁要是没有地方坐，顾客可以边走边吃，一口吃一个很方便。

2 咸酸辣是大众基础口味

酸酸甜甜的味道是最开胃的，也是女生比较喜欢的。而依靠这个味道成长起来的大爆品就是柠檬无骨凤爪了。无骨凤爪也是夜市里的明星品类。

在长沙有一个无骨凤爪的头部品牌连锁摊，叫南门张公子无骨凤爪，目前已经是有超过 300 个摊位加盟的连锁摊了。这个品牌也采用了中央厨房的模式，其加盟摊摊主还有不少是从外省慕名而来的。我尝了一份南门张公子无骨凤爪，确实比很多夜市摊上卖的凤爪更脆爽入味。

南门张公子无骨凤爪，可不仅仅是在夜市上售卖。很多小超市及餐厅也会到这里进货。它在红星市场还有自己的批发门市部，但不管是直营、加盟，还是直接进货，它家的进价都是一模一样的，这就避免了后续同品牌在不同渠道的价格战，而它对所有加盟商及零售店都有极其严格的要求。如果用了南门张公子无骨凤爪的招牌，摊主就一定要统一售价，要不品牌方就停止供货，还会申请赔偿违约金。

夜市里还有一种特别的连锁形式，即共同经营一个地方品牌。这和一个产区共同用一个水果品牌是同一个道理。天水麻辣烫一度很火，可要是在湖南说起麻辣烫，那代指的就是益阳麻辣烫。你在各个夜市摊里看到的益阳麻辣烫，和天水麻辣烫熟拌着吃不一样，它的做法是荤素食材串好后放进有很多格子的锅里烫，而肉类则是放在锅里用慢火慢炖，让肉入口瞬间脱骨，再配上益阳麻辣烫独特的酱料，非常入味。

各个夜市里的益阳麻辣烫的摊主，一定会把招牌上的"益阳麻辣烫"这几个字放到最大，而且他们招牌上用的字体和颜色也都比较相似。这里面有些摊确实属于同一个摊主，但大多数都不是，可这并不影响摊主们共用一个产地品牌。而麻辣烫的麻辣、香辣，也是受众最广的基础口味。

3 卤味有技术门槛却易标准化

卤味，也是夜市小摊里的一个基础大品类，相对于炒饭和寿司，卤味算是有技术门槛的小吃。虽然卤味有技术门槛，可要是第一个摊位摸索出被顾客接受的口味，也是一个容易形成连锁摊的标准化品类。长沙有一个品牌叫啃巴卤味，目前在长沙有 49 个摊位。为了能够统一标准化，啃巴卤味已经在宁乡建立中央工厂，每天统一制作商品，然后送到各个摊位上。

这个品牌摊在营销操作上有一个特别之处，即在每个摊位上都会标一句口号：素菜卤味比肉还好吃。

这句话有两个绝妙之处。

第一，虽然它家的拳头产品是卤鸭货，但是鸭货和凤爪有极大的消费者基数，对喜欢吃的顾客不用过多介绍，他们直接会买。可在买肉类卤味时，顾客要是看到这么一句口号，顺手买一份卤素菜的概率会更高，他们想"反正素菜也便宜"。

第二，不爱吃卤味或者没吃过这个品牌卤味的顾客，看到这个标语，就会想着要不买点卤素菜尝尝看，反正也不贵，这就提高了初次成交率。

在长沙夜市里还有一个头部连锁卤味摊，叫卤来丫。基本是在各大夜市的入口处摆摊，主打产品是鸭货类卤味。

卤味既满足了大众的口味，又因为能统一制作，更容易用标准化流程来提升经营效率，还可冷藏，售卖时间比生鲜要长，损耗也就更低一些。

4 合伙人模式

连锁摊发展到第 5 个摊位后，会碰到和连锁店一样的问题。门店的运营特别依赖店长，摊位的运营也特别依赖摊主。和门店不同，门店里至少能装监控，摊位却分散在各个夜市里，监管难度就很大，管理难度远比门店要高得多。

要提高摊主的积极性，我们可以学习采用连锁门店的合伙人制度。小二炒饭的摊主发现这个问题后，便把员工工资改成保底加提成的模式，这样一来，员工的效率就提高了。

啃巴卤味也碰到和小二炒饭一样的问题，在工资加了提成后，员工还是觉得不够。啃巴卤味就更进一步，开始招半直营的摊主。各个摊位的设备统一由厂家装配，摊主只需自己完成基本的工作，摊位赚到的钱和品牌按比例分成。这样摊主就觉得自己虽然没有投钱，但自己好歹是一个经营者，积极性得到充分调动。

总之，能够形成连锁摊的选品有三个特点，分别是刚需、大众口味和易标准化。同时摊主积极性的管理也不容忽视，用合伙人制度能很好调动摊主的积极性。

小结一下

连锁的本质：复制成功模型，放大规模效应。店可以这么做，摊也一样可以。

做连锁的关键：符合大众基础口味，选择主食类、低损耗品类。

连锁摊管理：激发摊主积极性的有效方式是半直营方式。

杠杆运用：从一个摊到连锁摊，要用好这个财富杠杆，选的品类要容易标准化，但有一定门槛。如果你的品类符合这个要求，那你在这一节的任务就是把制作商品的过程记录下来，并量化配方，要细致到标记每一个配料的克数。

杠杆4：
从摆摊到夜市经营

本节杠杆参考

本节来介绍一位夜市品牌创业者，叫唐兆。他从夜市摆摊开始，后来发展到经营夜市。在长沙 40 来个成熟的夜市经营商中，他创建的长沙夜市智造公司占了 3 席。他用的杠杆是抓住城市发展趋势并将之放大。

先来介绍一下唐兆。他早期从事的是地产方面的工作，而且干得还不错。在 2018 年前后，唐兆凭自己在地产行业多年的经验，推测地产行情或许会慢慢下滑。他觉得要是等到从业困难再转行，到时年龄会受限。于是，唐兆带着这份危机感，边工作，边找创业机会。在这期间，他接到公司安排的任务，为地产商业开业组织一场市集活动。为了能办好这次活动，他考察了不少夜市。越考察他越觉得，在夜市摆摊是一门很有活力的生意。

于是，他就约着同样从事地产方面工作的朋友到夜市里体验摆摊，想验证一下自己的判断。在摆摊几个月后，唐兆更加坚定了自己经营夜市的想法。而今天回过头来看，唐兆告诉我，当时幸好抓住了夜市经济发展的趋势，他特别庆幸自己早一步开始从事夜市经营工作。

这一节就来看一下唐兆是如何凭借这一杠杆来发展夜市经营的。

1 变成年轻人"附近的远方"

唐兆策划的夜市，和传统的充满烟火气的夜市不一样。他发现现在年轻人需要的是一个更简单自在的社交空间，夜市里除了要有吃的玩的，还要提供一个相对放松的环境。

基于这个需求，唐兆打造了营地夜市。2024 年，很多人都开始追赶露营这一潮流。但唐兆说，这其实是一个误解，露营看似很流行，真正去体验的人却是少数。真正意义上的露营会受时间、天气、交通工具和装备的限制。但如果把这个已被大家熟悉的"露营"概念，搬到年轻人触手可及的地方，就会将其变成给年轻人的一个日常小惊喜。于是唐兆就把自己的新型夜市，开在了交通便利的购物中心门口，变成了"附近的远方"。

既然夜市开在购物中心门口，就对卫生及环境有要求。唐兆对营地夜市做了专业的硬件配置，搭建了固定的帐篷摊位，连水电都统一配置好。这样夜市的调性才更加适合购物中心的大环境。同时，这几年商业地产也面临增长压力，夜市经营得好，还能给购物中心带来新流量，丰富消费者的体验。

那具体要怎么做呢？

一是提升消费者的满意度，他们来购物中心就是为了购物、逛街和放松的，如果在室内逛累了还能切换到户外场景，消费者就多了一种体验。这时夜市即成为室内场景的延伸。二是夜市里可以经常组织一些品牌联动活动，或者举办草地音乐节，这也能给购物中心带来增量。

之所以选择在购物中心门口开夜市，也是因为唐兆对未来的布局有所打算。先看数据，全国 3 万平方米以上的商业盒子有6300 多个，光长沙就有 140 个，唐兆希望这个模型在长沙成功后还能够走出去。

2 打造夜市品牌先要规划好品类组合

商业目标已经设定，接下来还得回到眼前的经营中。唐兆需要先让自己的夜市形成一个品牌。要让夜市形成品牌，就需要有一个能在各购物中心通用的品类组合。为了让消费者来了有得买、有得逛，品类的搭配就非常重要。

首先要注意的就是去同质化。唐兆的夜市采用的品类模型是40+6+1X。这里的 40 是指 40 个不同类的小摊，保证不重复。之所以定下 40 这个数字，是因为数据显示，在一个夜市里，这样的摊位数量会让消费者觉得夜市有意思，同时也能提升连带销售。6 是指集装箱品牌，比如正新鸡排和良果芭水果茶这类连锁店。在夜市中加入 6 个集装箱品牌就能增强品牌效应。1 是自营品牌摊，这也是这个夜市里的目标品类。X 就是异业联动，比如承接大型新品发布活动，就可以通过增加新奇感吸引更多的消费者。

这个 X 也可以和购物中心形成经营时间上的互补。比如近几年很火的密室逃脱和狼人杀，其主要消费群体是年轻人。商场晚上 9 点半就开始做闭店准备了，这刚好是一些年轻人活跃的时候，可门店却发不了力，特别是在夏季，购物中心闭店后，门外广场上的客流还非常多。而夜市就能变成延长购物中心营业时间的场所，为这些年轻人打造晚上 10 点后的休闲空间。于是，唐兆就邀请了狼人杀、密室逃脱的品牌店，来夜市搭建临时场所。这些品牌还通过线上不同平台的短视频、社群，邀请更多的玩家前来打卡，给夜市的经营导流，所有摊主都能受益。

3　让夜市里的小摊主变 IP

40 个分类中的每个分类只能选一个摊主，那唐兆如何筛选出每个分类的摊主呢？

除了看每位摊主的手艺，最重要的是，唐兆会和摊主面对面沟通，看他们的流量思维能力，比如会不会拍短视频。夜市从来不缺真实故事。在长沙地产行业做得有声有色的品牌合伙人跑来摆摊，他的目标就是做连锁摊。还有一个福建来长沙的年轻母亲，卖的是福鼎肉片。她白天在单位工作，下班后从晚上 6 点半到 9 点半在夜市摆摊，能给家里带来不少的额外收入。这些都是很有价值的短视频素材。要是每个摊主都能把自己的故事在线上讲述宣传，一个夜市里就有了 40 个线上流量口，个体流量可能不大，但汇集在一起，流量就会相互叠加，带动夜市经营。

在唐兆经营的长沙赤岭夜市里，就有一个摊主，账号名是无声画面。因为他是听障人士，无法在摊位上吆喝生意，他就把自己的摆摊过程拍成短视频，配上文字和画外音，让更多人认识他，有很多人慕名而来。

摊主自己有了流量，夜市经营方也要成为摊主的流量入口。夜市必须从公域为摊主导流。目前长沙夜市智造公司有 7 个新媒体人员，他们负责预热、营销活动宣发，从各平台公域导流。他们还会邀请本地的美食博主来夜市探摊，带动关注美食博主的人来打卡。

唐兆选择在购物中心门口经营夜市，也因为购物中心有其会员体系，本身就是一个很大的流量入口。唐兆会组织一些活动，借势购物中心公众号、视频号、短视频或者直播进行宣传，而线下也会在购物中心内进行地面推广，比如举办购物中心会员夜市消费 8.8 折活动、抽奖免费试吃活动等。这样，购物中心的流量、摊主自媒体的流量和公域导流就能有效结合，夜市不愁不红火。

4 想要长久经营靠日常细节管理

一个夜市要能打造好的口碑，除了有产品，有流量，还要做好日常的经营。

唐兆和我说，夜市就是户外的空间产品，对摊主的管理和夜市经营区的管理都要规范化。他的营地夜市对摊主的管理细化为出摊前、出摊中、收摊后三个时段。

出摊前，要考虑的是出摊率。在购物中心前摆摊，要是出摊率太低，就会使人产生购物中心人气不旺的感觉。夜市的摊主采取轮休制，一个月内的休息时间不能超过 5 天。除非遇到恶劣天气，否则摊主都要出摊。这些摊是半永久的，水电设施全部安装齐备，每个摊位的电线走的都是地线，每个插座上都安上了防水盖，能确保雨天的使用安全。夜市在营地里还加了一个超大的帐篷，一下雨就打开，消费者下雨天来了也有地方坐。

出摊中，口罩、手套摊主要全部戴好，健康证和摊位证的营业章要公示在摊位上。摊主要及时清理摊位，维持摊位内的卫生。

收摊后，摊主要保证摊前卫生三包区的卫生，断水断电，把遮蔽帘拉起来，并拍照发到管理群后才能收摊。

唐兆对摊主的管理既松又紧，松是鼓励他们有各自的创意，紧是夜市摊位日常工作必须严格规范化管理。这样的夜市才不是一个草台班子型的小摊集合区。

小结一下

　　购物中心户外夜市：室内到室外的延伸。

　　品类组合：单品类摊位不要重复，否则会降低连带购买。

流量重组：将购物中心流量、公域导流、摊主自媒体三方结合，才能不断有新流量。

杠杆运用：从夜市摆摊到成为夜市经营者，财富杠杆的支持力量之一就来自你所在城市的商业环境和日常客流量。你在这一节的任务，就是了解当地大学城附近和城市广场的现有摆摊状况，以及当地政府对夜市经营的支持政策。如果当地现有的夜市已经形成一定规模，但缺乏规范性，就说明你还有机会。

杠杆5：
从摆摊到技术加盟

本节杠杆参考

这一节，我们来看一下长沙的一个连锁摊"喵哥蚝蛋烧"的摊主喵哥。他的财富杠杆是先找新项目摆摊，再进行技术加盟。接下来，我们将详细梳理一下他的创业经历。同时，本节还会提到一位从摆摊做起，最终转型成为摆摊信息中介的创业者。

长沙四方坪夜市入口处的第一个摊，叫"喵哥蚝蛋烧"。摊位的生意很好，摊前有很多排队等待的顾客，摊内还有好几个跟摊主学习经验的人。摊主一边招呼顾客，一边向跟他学习的人讲解。这个摊主除了摆摊，还推出小吃摊技术培训和项目加盟。

1 新项目推广的壁垒

喵哥在经营喵哥蚝蛋烧摊位之前还经营过海鲜捞汁，并在长沙的几大夜市里都有稳定的摊位。因为海鲜类摊位对供应链要求比较高，他每过一段时间就会亲自去湛江看看海鲜的行情。

有一次，他在湛江的夜市中看到了一款叫"蚝蛋烧"的台式小吃很受欢迎。这个蚝蛋烧，就是先在小圆煎盘里倒上蛋液，再在上面放上一粒生蚝进行煎烤。他当下就买了几个尝尝，一口下去，嘴里满是鸡蛋包裹生蚝的鲜美，非常好吃。也正是这一口，给了喵哥将这个小吃引进长沙的想法。因为这款产品恰好与他的海鲜捞汁形成了互补，不仅增强了产品线，甚至可以视为解决他目前经营困局的突破口。

为什么这样说呢？

经营海鲜捞汁大致有几个难题：一是对海鲜新鲜度要求极高，海鲜当天一定要卖完，而且海鲜是高单价的单品，卖不完就会带来高损耗；二是捞汁是冷食，有很强的季节性，又和其他卤味冷食不同，很多肠胃敏感的人不太敢吃海鲜；三是海鲜客单价高，消费者数量相对较少。蚝蛋烧客单价低，容易吸引顾客，而且其热乎软弹的口感能和海鲜捞汁形成互补，此外，蚝蛋烧用的生蚝和小章鱼，也是他目前供应链能够覆盖的。

除了这些，喵哥觉得蚝蛋烧还有两大潜力：一是生蚝是被市场高度认知的食材；二是蚝蛋烧成品金灿灿的，看起来很诱人，适合摆拍，被拍照打卡的概率就高，摊位就有机会被更多人认识。

喵哥第四次从广州回长沙后，就决定把自己的首个蚝蛋烧摊放在长沙四方坪夜市。果然，蚝蛋烧一开摊就很受顾客欢迎。

2　共享供应链

因为生意很好，所以就有很多同城的夜市摊主来学习和咨询加盟，喵哥于是想，开展小吃摊技术培训和项目加盟是不是也可以作为新的创业方向。他结合自己几年的摆摊经验，大致列出两点可行性。

第一，小吃的生命周期通常较短，大约每两年就会有一波更替。很多摊主缺乏精力和实力去全国各地考察，也就无法引进新项目。他自己要不是去湛江，也很难发现这个小吃项目。这就是信息差。

第二，即使发现了新项目，如果小吃项目未经市场测试就匆忙投放市场，顾客可能对新口味接受度不高，这会让投入的资金打水漂。因此，更保险的办法就是学习或加盟已经火起来的项目。

这样一来，技术培训费用本质上就是用于填补信息差和减少试错成本。

这么一盘算，喵哥觉得这事可行，就开始收徒做技术培训。在这个过程中，喵哥还想明白一件事。

做好小吃摊技术培训不只是把技术一教就完事，而是要帮学员解决后续的经营卡点。比如，蚝蛋烧中的生蚝和小八爪鱼，很多县城里没有供应，学员就算学会了制作技术，回去也实现不了摆摊。

有一个来自湖南省某县城的学员就说："你们这个蚝蛋烧项目好是好，可是我们县城菜市场里卖海鲜的人很少，就算卖，品种也少，供货还不稳定，生蚝时有时无的，还特别贵。这样蚝蛋烧的价格就得上涨，那就更卖不出去了。"

喵哥明白，如果这个问题不解决，培训项目的规模就会受限。因此，喵哥特意跑到湛江，找到相熟且靠谱的供应商谈判。只要是他的学员，都能用合适的价格购买到生蚝和小章鱼。虽然每个学员要的货不多，但加起来也不少了。这对供货商来说也是个好消息。

总之，要想成功开展小吃摊技术培训项目，除了教技术，还要设法解决学员的后顾之忧。

3 摊位中介平台

接受了喵哥的技术培训后，很多人有了手艺却开始为找摊位而发愁。如果你也是这样，不妨找找各地专为摆摊服务的中介平台。换言之，做摆摊信息中介也是一门不错的生意。在广州，有一个名为"叮当带你逛夜市"的小创业项目（以下简称为"叮当"），它专注于为夜市小摊进行品类招商和摊主对接，并以此收取服务费。

目前，叮当拥有一个由三人组成的团队，他们的这个项目与许多传统的中介项目不同，他们不仅仅局限于发布摊位信息、等待联系并收取中介费，而是致力于协助夜市经营方完成招商任务，寻找最合适的摊主。此外，他们还精心规划每个品类的摊位数量以及摊位的摆放顺序等。

举一个例子。

叮当在 2024 年 3 月接了一个在深圳开新夜市的招商项目。他们在招商信息中将每个品类招商的数量严格控制在两家以下，并且暂不接纳新手摊主。这是因为，这个夜市的定位较为高端，周边消费能力强，对摊主的经验和手艺都有较高的要求。

保险起见，他们进行这一类招商时，都会现场举办对接会，保障摊主和夜市经营者双方拥有较高的匹配度。

同时，叮当团队还会处理许多摊位转让事务，根据摊位的实际情况和摊主的资历，为双方匹配合适的资源。用叮当自己的话来说：小摊中介要收取的是专业策划的费用。

总的来说，"叮当带你逛夜市"项目通过专业的信息中介服务，成功连接了夜市经营方和摊主，为双方创造了价值，也为自己赢得了口碑和利润。

小结一下

技术加盟：以两年为一个周期开发新品。

供应链搭建：教技术之外还要解决摊主的供应链需求。

信息中介：为摊主和夜市经营方匹配合适的资源。

杠杆运用：这节要用到的财富杠杆，本质上都是将信息差变成技术和信息的平台。如果你的餐饮技术非常有优势，你就可以把它变成标准化教学，收技术培训和加盟费用。如果你善于收集信息和策划，你就可以做一个信息中介，提供专业服务，这也一样能收获成功。

杠杆6：
用摆摊整合山里好货

本节杠杆参考

除了向外寻找创业机会，我们其实也可以向内寻找。西双版纳景洪市的马连，就把散落在山里的农产品集合起来创立了山货市集，她把这个市集叫作助富街，是一个很简单的摆摊市集。目前她在西双版纳景洪市已经开了3个连锁市集。

这一节，我们来看一下马连是如何把各乡镇零散的农产品挖出来并集合成市集，又把这个市集做成连锁市集的。

1 地势带来的创业想法

马连是西双版景洪市土生土长的少数民族姑娘，对当地的山水都很熟悉，而西双版纳的气候及地理优势使当地出产了品种丰富的农产品。可是，景洪市境内河网密布，深山老林覆盖面积大，很多农产品分散和隐藏在深山老林里，很难被外界知晓。

这些山间美味，山里人吃不完，城里人却吃不到。马连记得在大渡岗的一对夫妻家里看到很多野菜，有臭菜、苦菜等，他们根本吃不完，这些野菜在嫩的时候炒出来，非常美味，城里人很喜欢吃。

马连想，如果能把这些散落在山里的好东西，集中到城里来卖就好了。她看到有些老乡挑着担子出来卖菜，却不清楚市场的规定，被部分店主和管理人员驱赶，售卖过程很艰辛。

于是马连行动了，她在当地找到了一个便宜却还算宽敞的位置作为市集场地。2022 年 6 月，这个叫助富街的山货市集就开业了。

2 进村动员农户带着山货来市集里摆摊

可山里信息相对闭塞，在开业的初期，很多农户根本不知道城里有一个可以卖山货的市集，没有几个摊位，怎么可能吸引人来买东西呢？如果没人来，就这三三两两的摊主也得走，这市集的生意可不就做不下去了吗？想来想去，马连决定去各个村里宣传助富街市集。可让马连没想到的是，很多农户不相信自家的那些菜能卖钱，没人愿意跟着马连去市集摆摊。

马连最后总算碰到一位半信半疑的大哥，马连一再向他保证，就连红薯藤都能卖钱。马连再把这位大哥家的山货"搜罗"

了一遍，又搜集了很多野菜、自家种的花生，以及一些洋芋。随后，大哥把这些农产品装进担子跟着马连到市集去摆摊。让这位大哥没想到的是，红薯藤卖得最快，而且一把能卖到 3 元。这些野菜，村里家家户户都有。于是大哥回到村里就宣传起来，这下村民们纷纷行动，这家摘点沃柑，那家炒点茶叶和坚果，另一家找点酸角和酸木瓜，大家都乐意把这些东西拿到市集上去卖。后来，还有水果种植户把被冰雹打过的木瓜和香蕉拿到市集上卖。虽然这些水果外观不太好，但口感依旧，也一样能卖出去。这样市集就吸引了很多农户来摆摊，因此也吸引了周边的一些城里人专门来购买。

但助富街的位置有些偏僻，周边顾客不够多。于是马连就开始拍短视频，在本地号上做广告，到更远的地方去发宣传单吸引人来。市集形成规模后，有些农户因为家里有果树，有大量货品，也能和当地的小区、社区、商超市场对接合作。这样一来，市集里的城里顾客也日渐增多，马连则进一步把更具特色的特产拿到市集上销售。例如，马连曾到佤族地区收了两批烟熏牛干巴，仅用两天时间就卖了 3 万多元，老乡们都特别满意。

经过一年多的经营，助富街市集开始进入正向循环，开始赚钱了。

3 极简的摊位是提升收入的关键

目前助富街市集为马连带来两笔收入，一笔是摊位费，另一笔是马连亲自收山货到集市上出售带来的收入。如果想提升收入，最直接的方法就是上涨摊位费用，否则马连就只能自己收更多山货出售。马连思考后，想通了这个市集的运营关键：要多赚钱就不能涨摊位费，因为那样很多摊主就不会来了，要是直接把涨上去的摊位费加到售价上，也会减少来市集消费的人数。不想涨摊位费，马连就不能随便在市集的装修上花钱。因此，市集里的桌子都是最简单的木条桌，摊主只要铺上芭蕉叶就可以开张。

为了增加收入，马连把精力放在动员更多农户加入和开发更多的山货上。想让自己的山货卖得更多，马连觉得就得有更多的市集，并增加线上销售渠道，来吸引更多的顾客。从 2022 年 6 月 20 日到 2024 年 3 月，在短短不足两年的时间，马连就已经开了 3 个市集，带动 500 多农户赚到了钱。

4　以物换物获增量

马连除了让农户集中到市集里摆摊，自己也经常下乡。她在这个过程中发现，不同的村镇好东西各不相同，但因为物流不便利，并没有流通起来。比如，这个村的牛肉好，那个村的猪肉好，但因为景洪市属于热带地区，新鲜的肉运出来很容易坏掉。马连就想，既然这些好东西出不来，那我们就走进去。

2024 年 3 月，马连买了她的第一辆冷链车，专门用来下乡以物换物。马连用冷链车把城里的鲜牛肉拉到乡里，交换乡里的特色农产品。这样，不仅乡里的东西能卖到城里，还能帮农户买到想要的商品，十分便利。而这个冷链车，不仅能帮助有农产品但没时间进城卖货的老乡，而且还能让乡里的农产品通过这个渠道销售出去，让老乡们都能赚到钱。

我最后问了马连一个问题："这个市集创业的项目从启动到现在，你觉得其中什么事情给你的印象最深？"她和我说："这个市集教会老乡们如何做生意，让他们赚到钱，靠自己的双手改善了生活。商业中最大的慈善就是建立共赢的关系。"

马连用农产品市集串联起了一农一镇的特色农业，让不为人知的山货焕发新生。我听完马连的创业故事，脑中就出现了一个场景：马连是位串珍珠首饰的姑娘，虽然每个珍珠都带着微瑕，但它们被串在一起后却闪闪发亮。

小结一下

创业机会：不一定都要向外寻找，向内寻找也有机会。

三农创业：要走群体路线，先利他再利己。

经营形式：让自己变成一个高效连接信息的关键节点。

杠杆运用：克服地理的劣势，整合分散资源。在乡村创业，先要建立人和人之间的信任。如果你有意向回乡创业，要思考的是自己能否变成家乡高效连接信息的关键节点。

杠杆7：
用摆摊做好商品调研

本节杠杆参考

如果你是一个生产商，觉得离顾客太远，可以考虑用摆摊的方式在一线调研，以增加自己对市场的微观体感，找到顾客对产品的真正需求。

在义乌宾王夜市的摊主中，有不少企业管理者"卧底"。他们"卧底"的目的是什么呢？主要是为了调研用户需求，也因此看到了更多获取流量的机会。

1 摆摊收集四面八方顾客的共同需求

在零售业工作多年，我每年都要去义乌好几趟采购商品。当时，我们有一个合作得非常好的毛巾工厂，经营者是一对夫妻。

他们从摆摊到开档口，再到开工厂，和大多数义乌商家一样，他们用的是前店后厂的模式，店就开在义乌商城针织专区的二楼。他们家的毛巾虽然不是市面上的大品牌产品，但款式和花色翻新很快。我们每次去采购，她推荐给我们的新款产品，发到门店都非常好卖。

有一次我和他们聊天，他们说到自己收集顾客需求的独特方法，就是每周到义乌夜市摆摊卖公司的产品。老板娘和我们说，夜市是他们离顾客最近的地方，顾客真实地在摊位上挑选颜色、款式、材质不同的毛巾。他们会记录不同顾客的反馈，这样直接的信息比什么专业的调研都有用。

他们家有一款特别好卖的小方巾，有着比常规方巾更小的尺寸，材质用的是易干纱布，方巾上还有一个小挂环。这样的设计主要满足出差人士的需求。这个设计的灵感就来自他们在摆摊时听到来义乌出差的人谈起，他们出差时带大毛巾非常不方便。夫妻俩上了心，就生产了这款畅销多年的小方巾。

以夜市为信息收集点，收集不同人群的共同需求，再把这个需求点放大，往往就是受欢迎产品诞生的基础。

2 线下摆摊验证线上主推款

肯定会有人提出疑问："这个关于毛巾的故事，发生在网络宣传平台还不发达的时候。这种情况放到眼下还有用吗？"

再来介绍一对在夜市里摆摊卖女士包的夫妻，他们做的是女士包贸易，在义乌也有自己的批发档口。他们为了调研目标顾客的真实喜好，在线下小摊和线上直播间同时进行推广。

怎么做呢？

他们会先把新一季工厂打板的包，都带到夜市摊位上。与其他摊主不同，他们基本不推销，不会像其他摊主那样帮顾客推荐和搭配，而会建议顾客随便挑选。摊位上的包虽然每一款只有一个库存，但都是成系列摆在一起的。要是有顾客拿起某个包要买，他们就会多问一句：是自己背还是送人。有人会说：送给女儿；有人会说：买两个，我和朋友一人一个。这些都是他们想收集的信息。

同时，他们在线上直播间也会上架对应款式的包，只是库存量比较少。线上和线下一起上架，就是为了多渠道测试出哪款包的销量更好，再来决定主推款，后期他们也可以在这款包上投入更多的宣传资源。线上和线下的数据重叠度越高的款，销量高的概率也会越大。

3 借线下抢购背景为直播间导流

我曾在春节后特意去了一趟义乌，又逛了一回宾王夜市。摊位丰富，生意不错，人来人往十分热闹，还有不少国际友人。

说起夜市上卖得最多和最好的品类，各类饰品肯定算一个。在义乌这个小商品集散地，女士饰品和服饰因为款式更新快，会有不少尾货库存留下来，很多尾货便宜到论斤销售的地步，而当地夜市就是消耗尾货库存的理想地方。

但现在不少摊主摆摊不单是等人来买商品，更多的是为了给线上直播间导流。一般在饰品摊和服饰摊上，会有一到两个主播开直播，直播现场会架有好几部手机，面向多个平台同时直播。这时，摊位就变成了直播间背景，看到摊上挑挑拣拣的顾客，就触发了屏幕前顾客的从众心态。

加上各个主播会一直烘托氛围，在旁边一直喊"不要抢，不要抢"，用库存不够来制造紧张感，促使线上顾客做出下单决定。但其实有可能人们在摊上抢购的商品和线上直播间购物车里的商品根本就不一样。他们要的只是一个抢货的场景。

线下摊上，一般会放一两个比较好销的基础款，并且是通用款，多色多码，价格非常低，就容易吸引很多人来挑选。

那为什么选择在摊上摆放基础款呢？因为基础款适合大多数人，加上尽量陈列多码多色，这样才能吸引顾客停留下来。为什么款式不能多呢？因为有个性的设计款式，会有很强的个人风格，不喜欢这种风格的人就直接离开了。

而在直播间购物车里投放的商品，数量要比线下摊上商品数量多出好几十倍，那些也是仓库里的尾货，线上直播间里有更多的顾客，这能提升尾货的消耗速度。

而我也发现义乌夜市摊位的细节做得也很到位。灯光用得都很专业，他们用的都是射灯，刚好都照在了商品上，我拿手机试了一下，直接对着商品拍，不加滤镜也能拍出很好看的照片。他们还会在摊位上贴出抖音账号的二维码，这就从线下往线上导流了，那些从四面八方第一次来义乌的顾客，都有可能变成粉丝和老顾客。

在商品集散地摆摊，除了增加收入，也是生产商和顾客面对面获取最真实用户需求的机会。同时，摊主还能获取更多的流量来解决库存难题。

小结一下

消除差异化：在夜市里收集信息，了解各地顾客的喜好，找到交叉最多的点来打造热销款。

用数据说话：记录顾客对新品款式的选择，面对面收集信息验证线上主推款。

为直播间导流：创造真实直播场景，解决尾货难题。

杠杆运用：如果你是一个生产商，想靠顾客更近，摆摊会是一个高效的调研渠道。用好这个杠杆，能让你的选品更为精准。在商品集散地摊位上收集的信息往往更精准，这些信息能给产品赋能。

杠杆8：
用摆摊消灭门店"淡季"

本节杠杆参考

不管做什么生意，都有淡旺季。小本生意最怕的不是旺季的忙，而是淡季的煎熬。而用好摆摊这个方式，就可以有效消除淡季的影响。

这一节，我们将探讨两个消除淡季影响的案例。

1 用摆摊填满早餐店一天的淡季

先来看一家早餐店消除淡季影响的办法。在我居住的小区里有一家早餐店，是附近生意最好的早餐店，有着不错的收入。开早餐店最大的痛点，就是只能做半天的生意，却要交全天的房租。早餐店店主一般都是早上忙不过来，到了中午和下午又没有生意可做。有的人可能会说，那可以早上卖早餐，中午卖午餐，晚上卖晚餐，这样不就解决问题了吗？

听起来不错，但午餐和晚餐的竞争非常激烈，如果没有上乘的口味或者特色菜品，很难与其他餐馆竞争。而且做午餐和晚餐，除了对厨师及人员的要求更高，增加设备设施也是一大笔投入。因此，这个办法对这个早餐店来说并不合适。

怎么办呢？

这家早餐店的老板，就给店里的人分配了工作，一拨人负责卖早餐，另一拨人就负责在晚上卖卤味小食品。他们的卤味不是在店里卖的，而是在店里卤好后，放在一个摊车里在门口卖的。店主告诉我，大部分顾客买卤味都是买了就走，摊车的形式更方便，而且摊车还能挂上招牌，这样更有氛围。早上吃早餐和晚上买卤味的，很多都是住在附近的同一批人。为了在这些顾客心中树立早餐店的专业印象，店主决定不将卤味和早餐同时售卖。

后来，这家早餐店生意越来越好，他们在另外一个社区的入口处开了一家分店。如果继续按老店的模式经营，他们就会忙不过来，因此新店门口晚上不再卖卤味。但他们将这个思路进行了扩展，把门口的位置租给了其他摆摊人——拌凉皮的和烧烤的，下午四点后摆摊人可以来摆摊。甚至有一段时间，还有摆摊做直播的主播来分租。而同城直播时能显示具体位置，店主发现这些摊主还可以给早餐店引流，提升门店的收益。

2 水果商快闪店

我想你肯定看过一些店面，开了又关，关了又开。很多人会说，实体店的生意不好做啊，有些店只开业不到半年就关张了。如果你看到的是一家主卖榴梿、山竹这些高单价水果的门店，那么你就不要着急下定论。因为他们有可能是水果快闪店群。

榴梿有三个特点：损耗大、单价高、有较大的群众基础。这些特点再加上季节性，把榴梿经营者变成了两拨人，会卖的和不会卖的人，他们的损耗成本差异就达到 30% 以上。而且越会卖的人，拿货成本就越低，这样就立起了极高的经营门槛。

而经营水果快闪店群就是会卖榴梿的人。他们会怎么做呢？主要分三步。

第一步，他们会出高于行业平均水平 10%~20% 的租金，找到只租 3 个月且位置好的店铺。周边水果店分布密度最好是在 1 公里内不超过 3 家，上限是 5 家，否则彼此就容易打价格战。如果在 1 公里内有足够多的空店面，他们会选择同时开两家店。

然后，以一家店为中心，配上几辆移动摆摊三轮车，把店里的大多数员工或亲朋好友分散开去菜市场外摆摊，增加门店的收入。他们可以从老家请比较能说会道的老乡来帮忙，大家一起出来干几个月活后，还能赶回去帮家里秋收。

这样的一家店，把榴梿卖好肯定是重心，另一个重心是晚上摆摊车回归时剩余榴梿的存储。榴梿的特点是，果壳水分每天都会流失 7%~10%，如果没有专业的存储方式，那么一个最初价值 100 元的榴梿，每天都得少卖 10 元。这也是很多人卖榴梿时损耗特别大的原因。还有一个重心就是每天检查榴梿的开口情况，决定明天要不要把开口的榴梿剥出来，放在门店当果盘销售，因为气温越高，榴梿开口速度越快，不提高检查频率容易造成损耗。

第二步，把榴梿卖得更便宜，加快周转。当然，他们还会在收摊后集合，看当天的销售状况，决定第二天的定价策略。摊车上榴梿的价格会比门店里的低 10%，即使摊位不同，价格也是一样的。如果有两家门店，店里的定价也要统一。这样，摊车上的价格就是店里价格的锚点。一些习惯在店里购买的顾客，为了安心也会觉得店里的价格没有贵得很离谱，会选择在店里消费。这样的快闪店里，总体的定价都不能高，一定要在周边范围内有价格优势。他们的第一原则就是快速把榴梿卖出去，卖得越快，损耗越低，订量才能越大。而订量越大，价格就能谈得越低，这就能启动一条正增强回路。把谈到的价格折扣贴补到榴梿的售价上，加快周转，降低损耗。

第三步，建立联盟。在广州，用这个形式做生意的店主并不少。他们会形成采购联盟，以此向上游争取更低的进货价格。一家店加上多个摊位的进货价，肯定比单独一家店的进货价低。榴梿的储存条件高，费用也高，对水果商来说，加快周转是售卖榴梿的第一目标。因此在榴梿品质相同的情况下，水果商对进 50 箱货和 300 箱货的店主，在价格上会存在非常大的差异，大概可以达到 20%～30%。

快闪店的策略是做好旺季生意赚一笔，也不用支付淡季的租金。至于人员报酬，来帮忙卖水果的人，大部分是趁农闲时来打工的老乡。而做榴梿生意的经营者，在淡季会去做散批生意。例如在长沙红星水果市场专做榴梿和菠萝蜜的批发商，在该品类的淡季，他们主要给商超和水果店供货。

此外，他们还采用了另一种策略。由于从国外进口水果的时间基本是在中午，过了给水果店、商超配货的时间点，这时榴梿要是没有存放好，就会造成亏本。于是，这些进口水果批发商就会把榴梿先运到长沙最大的夜市——扬帆夜市里售卖；等到第二天，再将剩余的榴梿送到各个水果店和商超。而这也是扬帆夜市里的水果新鲜又便宜的原因。

小结一下

早餐店消除一天淡季的影响：摆卤味摊，弥补一天的淡季。

快闪店消除全年淡季的影响：卖好储存条件高，季节性强、单价高的水果。

用好人员的空闲时间：农闲时摆摊，农忙时回乡，节约人员成本。

杠杆运用：如果你开了店，就一定会遇到淡季。这个淡季是指每天、每周、每月、每年中生意不好的时候。学习这一节后，你可以用更为灵活的摆摊来弥补门店的淡季销售。

杠杆9：
用摆摊为门店吸引顾客停留

本节杠杆参考

如果你开了店，卖的是生活用品等没有明显淡旺季的商品，可是店里的布局较差，影响了进店率，那么你可以通过摆摊来弥补这个不足，从而增加客流，提升门店的业绩。

接下来看两个实战案例。

1 用凤爪摊吸引目标顾客

在我的客户——四川一家连锁超市的年终表彰大会上，有一位店长上台做了分享，她接手了一家 100 多平方米的小店不到 8 个月，日均销售额就从 13 000 元增长到 25 000 元，销售额近乎翻了一番。

在这 8 个月里，她到底为这家店做了什么？说起来并没有什么特别之处，但这些举措组合在一起却显著提升了这家店的销售额。

尽管这家店占地超过 100 平方米，但云贵川地区特有的"地无三里平"现象集中体现在了这家店里。

这家店总体的布局像一把镰刀（见图 3-1），入口的部分又窄又长，店里的两块主要区域有 80 厘米的落差，要铺一个坡道才能抹平，而且这两块区域之间还有一个大拐弯，从入口进去不往里走压根儿看不到里面的商品。

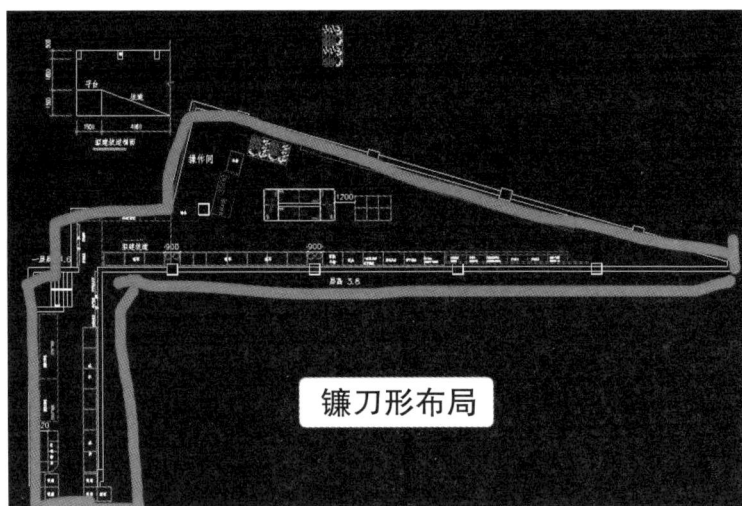

图 3-1　某店的总体布局

可这家小店的店长在分享时说，正是因为店铺的布局过于奇特，自己才被逼着另想办法。她在店里四处观察都没有好办法，于是盯上了门口那一块平整的位置，申请了安装遮阳棚来摆摊。在门口摆摊卖什么呢？她选了冰鲜商品，比如冻鸡腿、冻凤爪等。

选这个品类当然是因为当地人喜欢吃卤味，但更重要的原因还有两个。**一是能和店里的商品形成呼应**。普通人家里要卤凤爪时，要用的配料很多，包括酱油、葱、姜、蒜、料酒、啤酒、八角、桂皮等。很多买凤爪的顾客就会进店顺便购买。**二是能很好地进行错位竞争**。她在摆摊前对周边地摊展开了调研，发现周边地摊售卖较多的是蔬菜、水果，卖冰鲜的很少。就算有卖冰鲜的，也因为摊上的保鲜设备不足，商品没有自己店里的新鲜。因此她断定，只要把价格定得和那些地摊一样，卖冰鲜商品就有绝对优势。

这些想法有了，最重要的是怎么卖。店长说："我们一定要服务好这些老顾客。由于冰鲜商品是含冰的，顾客买凤爪等商品时可不愿带着多余的冰回家。因此，我们特意准备了去冰木槌，顾客可以用它敲掉凤爪和鸡腿上面的冰块。而且这样就能让顾客在摊前逗留更长时间，经过的人看着这里人多，就可能被吸引过来。人被吸引过来后，我们还可以再推荐其他冰鲜新品。因为我们这里位于西南地区，并不是沿海城市，对于大众不常吃的冰鲜新品，如鱿鱼圈，我们会在包装上印上烹饪方法。除了配图，还一定要放大介绍的字号，因为来我们这买菜的老人居多，字太小他们看不清。"

这一套措施实施下来，小店的客流有了明显上升，业绩也就有了高增长。

2 西晒门店降低下午的损耗率

很多零售店在选址时都踩过坑，要么是考虑的因素太少，比如只考虑了价格但没顾及人流量，最终以低价租下店面却卖不出货；要么是租下的门店布局有问题，比如太阳西晒、面积太小、有遮挡物等。但这些客观问题也没法做调整，只能将就。在这种情况下，摆摊的性价比就体现出来了。

下面举一个我亲眼所见的真实案例—— 一家开了 3 年的水果店。

这家水果店在小区里开的时间较长，老顾客较多。但因为小门脸是窄长形的，店内面积也很小，所以路过的新顾客经常注意不到它。而且这家店朝西，午后阳光特别强烈，到了春夏，太阳一晒，温度一高，水果很容易产生损耗。

经营者对此也特别烦恼，如何弥补这个缺陷呢？他用的方法就是早起摆摊。

他在门口摆大量的单一应季果品，堆成果山吸引顾客。比如，春天时顾客喜欢买草莓，他就在门口用箱子摞出一个"草莓山"，路过的顾客就能轻易注意到这家水果店，还会觉得他家的水果又多又新鲜。

吸引顾客注意后，再用"买多更便宜"的价格策略加快周转，避免损耗。以卖草莓为例，一斤草莓卖 40 多元，但三斤一整箱的草莓只卖 99 元，买得多更优惠，草莓也就更容易卖出去，加快了周转。而且，这样还能避免顾客在"草莓山"里面挑挑拣拣，也就减少了损耗。

为什么这家店不用遮阳棚呢？是的，搭遮阳棚是个办法，但对这家店来说却不是最好的办法，因为不划算。这家水果店的结构布局是窄门脸、长店面，要是门口一搭棚子，门脸基本就看不见了，反而影响对水果的展示。在门口摆草莓的目的是增加销售，但更重要的是吸引顾客进店。把收银台设在最里面也是为了让顾客在店里多逛一下。

这就是我见过的真实案例。你看，这家店的店主，就是用摆摊弥补了门店布局上的劣势，吸引了更多的顾客，提高了门店的销售。

小结一下

店面七拐八弯：在门口摆互动性较强的品类的商品。

店面西晒：要早起摆摊，大批量单一品项更能吸引顾客走进来。

降低损耗：要加快周转，用"多买更便宜"的价格策略。

杠杆运用：很多创业者一时冲动租下了门面，等开了店才发现店面有很明显的缺陷，这时不妨用摆摊来试着吸引客流。这一节的财富杠杆，就是用来降低损失的方法。

杠杆10：
用宠物市集扩大影响力

⇨ 本节杠杆参考

这一节我们的主角都与宠物有关，一位开了宠物友好酒吧，一位专门做宠物用品生意。而他们在经营的过程中，都以组织宠物运动会市集为手段扩大了影响力，提升了销售额。

这一节，来看一下两位经营者组织市集的案例，或许可以给开店的你一些启发。

1 用宠物比赛收获关注

先来认识一位开酒吧的姑娘，她的名字叫七七，是"得到"平台初期的一位课程主编，后来去开了一家精酿小酒馆。她的店开在城市的中央商务区附近，取名为"苟市"，寓意是"苟且于市，大隐于市"。

一开始，酒吧一天也来不了几桌客人。七七和我说，自己好面子，早期生意不好的时候，要是有朋友来，她就说还没有到最热闹的时候。可时间一久，朋友也就都能明白了。

在苟市酒吧里，七七收留了一只叫"船长"的狗。后来有养狗的顾客到酒吧，就试着问七七，他们能不能也带狗来，七七说当然可以。因此带狗来的顾客就多了，但这还不足以改变门店低迷的经营状况。

有一次七七把给顾客宠物拍的照片印到啤酒罐上，没想到非常受养狗顾客的欢迎。而这也给了七七一个灵感，她的酒吧叫苟市，和狗谐音。七七觉得走爱宠酒吧是一个不错的经营定位。

为了让店铺更符合爱宠酒吧的定位，七七举办了一场小狗比赛。获胜小狗的主人都会很自豪，会把比赛的照片和短视频发到朋友圈及小红书，为门店带来了一波口碑传播。

七七还身兼活动摄影师，拍出许多出彩的照片送给养狗的顾客，照片大受称赞，极大地提升了门店的人气和客流量。

后来七七还举办了宠物领养日和救助日活动，吸引了更多爱宠人的关注，甚至包括不养宠物但对宠物友好的人的关注。这类活动组织多了，人和人之间的社交互动也日渐增强。苟市作为宠物友好酒吧，在线上获得了更广泛的传播，从而吸引了更多的顾客。如今的苟市酒吧不仅扭亏为盈，而且已经有 6 家门店了。

2 用宠物市集维护客户关系

接下来认识一位专做宠物用品生意的创业者陈一鑫，他的公司名叫浩铖宠物。他虽然没开发自己的产品品牌，但是代理了国内外六七个宠物用品品牌。

陈一鑫在为连锁超市做宠物用品陈列服务时发现一个问题，很多超市把宠物用品当成高毛利商品，这就大大降低了商品的周转效率。如何改变超市经营宠物用品的思路呢？应该想办法让超市了解，宠物用品是养宠人的刚需品，价格这么高不合理。

为了提高超市和养宠人的信任关系，陈一鑫想到了宠物运动会，并专门安排了宠物医生坐阵。

除了运动会，陈一鑫还组织了宠物义诊活动，医生会给小猫和小狗检查毛发、口腔、运动机能等。陈一鑫还包办了超市的宣传物料，包括公众号的文章和短视频素材，并以超市的名义开展在宠物用品区消费即可领取免费猫粮狗粮的活动，做好爱宠宣传。这些都有效提升了养宠人对超市的好感。

了解到宠物用品是养宠人的刚需，许多超市便开始逐渐降低宠物用品的价格，这样一来生意自然更加兴旺，养宠人对超市的评价也会随着提高。这正是陈一鑫想要的效果。要想做好自己的生意，就要想办法为客户清除障碍。清除障碍不仅仅是提升销售额那么简单，而是要真正帮助客户拉近与顾客的距离，从而帮助双方建立信任关系。

小结一下

宠物运动会：让宠物开心，让宠物主人自豪。

宠物义诊：让宠物主人放心，对超市产生信任。

宠物用品经销商：帮超市扩大爱宠影响力，宠物用品降价，超市销量就会增长。

杠杆运用：这一节的财富杠杆，看似是通过宠物来提升超市的口碑，但实际上还是基于宠物经济上升的趋势。

提升顾客体验的12条锦囊

零售经营说起来做的都是极其琐碎的事，看上去似乎没有什么秘诀。其实不然，要想使经营更加长久，说到底靠的就是提升顾客体验。

如何提升顾客体验？可以总结为十二个字：天、地、墙、气、温、光、货、柜、样、言、行、装。这十二个字对应的就是对营业场所的基础要求。

天：抬头看门头，夜晚看招牌亮度，白天看卫生，招牌是否有松动，特别是在大风及大雨等恶劣天气来临前，应加固招牌；夜晚再检查灯箱广告，看夏季的夜晚有没有吸引飞虫，如果有就要让灯光的色温不低于 4000 开尔文，颜色偏黄的光会格外吸引飞虫。这也是招牌尽量少用亮黄色的原因。冬天的夜晚，要看招牌的亮度能不能达到路灯的亮度，因为冬天天黑得早，晚归的人会借招牌的灯光看路，亮度越高，心越暖。而在店内要抬头看天花板的卫生，看货架最高处的陈列是否牢固和安全。摊位的招牌在开摊前一样要检查到位。

地：门口三包区卫生要干净，注意楼梯有没有缺口，避免顾客踩空。店入口处除了保证卫生，最重要的是确保地面没有水渍、油渍和遮挡物，防止让顾客滑倒。还要确保店内地面各角落的卫生，包括货架下等。要注意垃圾桶有无及时倾倒，垃圾桶周边有无油渍和水渍遗留。

墙：注意消防栓是否被遮挡，墙面上是否有污渍，有无违规用电，电线头是否掉落，商品是否靠墙乱堆乱放等。从店外的墙面看墙角插座上的防水盖是否掉落，避免在雨天造成用电危险；再看入口处的墙面，购物篮有没有放置整齐，确保高度合适，标准是顾客无须弯腰去拿购物篮，确保最上面的购物篮没有斜着放，让顾客单手也能快速顺利地拿取。

气：怡人的香气较容易打动顾客，也较能获取顾客的好感。你要注意，沐浴露、香水的货架上配置的闻香瓶味道是否还清香，是否有被氧化而产生异味；后厨加工间、豆类食品区、海鲜区等的异味是否有效驱除。

温：部分顾客对温度的感受非常敏锐。顾客会因为夏天店内温度高，空气不流动，而感觉空气不清新。而顾客感受不舒适，就会减少在店里逗留的时间。除了让温度适宜，还要注意空气的流动性，特别是开在地下室的门店。在无暖气的城市，冬天门店入口处的温度要高到让顾客一进店就觉得暖和；而店内的温度要比门口低 5 摄氏度。如果顾客因为太热而脱掉外套，可能会使用一只手拿外套，不方便选购商品。

光：注意灯带上有没有不亮的灯泡，射灯是否足够亮，色泽是否怪异。灯光不能直射在地面上，地面反光会让顾客觉得不舒服；灯光不能产生过度频闪，这样容易让顾客眼部疲劳而减少在店里停留的时间。一家店里，货架上的商品远比主通道上堆的多，因此要让灯光照射在货架上的商品上，亮度要比照射在地面上的亮 40% 左右，这样才能让商品吸引顾客的视线，走进过道的顾客也会比较多。

货：注意商品陈列的安全性，商品叠放是否有掉落的风险，商品外包装是否有破损，陈列挂钩是否安装牢固。还要看商品陈列是否饱满。商品陈列饱满的标准是看不见货架背板。注意有无缺货，商品是否都正面朝外；再从正面和侧面看商品陈列是否达到一条直线横平竖直的效果，商品有没有做到一价一签。生鲜食品的新鲜度、肉品分割大小、加工食品的色泽都要达到让人一看就很有食欲的地步。

柜：确保制冷柜的底层卫生，注意制冷效果、是否有结冰块、是否堵住了出风口；按压冷冻食品的硬度检查温度状况，再翻检冷藏柜里水果果粉均匀的状况。要检查水果陈列柜是否有假底，这样不仅让陈列看起来更饱满，还能降低损耗。

样：你要注意卖场陈列的整体形象，按照堆头—端架—货架—小道具—主题堆的顺序检查。要检查对应的海报和商品信息是否正确悬挂和标注；重要的是，要观察员工在岗位上的精神状态，看他们是不是处于一个轻松愉悦的状态。如果员工状态不佳，不要急于指责，而应该去了解和关心他们。

言：不要打扰顾客，但顾客有需求时要及时回应。从线下投诉数据来看，促销员的强推被顾客列为不愿意到线下店购物的最主要原因之一。顾客最反感被问："想买什么？"顾客到线下店有时是为了逛，逛是一种很轻松的状态，顾客喜欢边逛边看，有喜欢的商品就购买。

行：要留意员工之间有没有聚众大声聊天而影响顾客购物的情况。员工在店里应避免不适宜的行为，比如穿走路有声音的鞋子、行走过快或拉货时声音过大等。负责试吃及熟食区的员工，必须佩戴好口罩、手套和帽子。然而，员工也不应过于拘谨，以免让顾客感到不自在。

装：员工或者经营者都要保持服装整洁，特别是那些需要穿围裙工作的员工，衣着的整洁与否会严重影响顾客的购买欲。

我们可以为这 12 个字再加一个时间线，早上巡店重点看货物相关事宜，闭店重点看仓库及水电安全。一个经营场所先不谈做好这 12 个字，仅是能做到这 12 个字，就能超越 80% 以上的竞争对手了。

跋

営商环境:
用摆摊探索城市发展机会

　　这一节要介绍一个影响最大却比较容易被忽略的关键，就是若想做大做强要选对城市。你可以多关注长红类型的网红城市。原因很简单，网红城市代表着城市里的年轻人变多了，他们会带来更大的消费活力，也就更加利于创业。例如，长沙 2023 年常住人口增量是 9.25 万人，位居全国第八，而其中大多是年轻人。有新增常住人口就代表有更多的创业机会。

　　这一节我们就以长沙为例，来介绍一下在长沙可以怎么找机会。

　　长沙是湖南电视台带动下的"星城"。全国明星最多的城市或许就是北京和长沙了。这座城市在综艺打造方面特别成功，每天都有很多明星在长沙录制节目。

　　这种综艺打造的能力，也被迁移到了快消品牌和餐厅品牌上。像"文和友""墨茉点心局""茶颜悦色"，还有零食快消连锁品牌"零食很忙"，它们在春节期间凭借超大号的零食产品火爆出圈，还有"三顿半咖啡"等品牌的成功，无不与这一能力有关。

长沙的房价在各省会城市中不算高，在长沙买房不用举全家人之力，再加上教育资源分布均匀，在长沙安家生活压力小，人们就愿意在娱乐上花钱。

人口净流入高于净流出，而且流入人口主要是"95后"，这就带来了年轻化的消费活力。这批人让这个城市"越夜越精彩"。

长沙的夜间也能给人安全感。一部《守护解放西》的出圈，给足了旅客安全感，大家都知道有事就到"坡子街派出所"。在扬帆夜市的大门口有一句大标语：扬帆夜市很安全，警察叔叔在对面。

白天的长沙创新力十足，夜晚的长沙消费力十足。如果从白天的长沙直接进入夜晚的长沙，会以为自己穿越到了另一个世界，让生活在长沙的人充满新奇感。长沙夜间的青春活力，是"舍不得睡"的年轻人造就的。《2017年中国网民失眠地图》公布，长沙意外进入前三，成了在熬夜指数上唯一可以与北上广深一战的城市。舍不得睡的底气就来自长沙美食，长沙的夜市异常活跃。

我是想提醒你，网红城市对你我这样的普通人来说，可能有更多的创业机会，夜市经济就是一个能让财富放大的杠杆。而这根"杠杆"的长度，取决于一座城市的包容度。看一座城市的包容度，就看城市如何治理流动摊贩。长沙，在有摆摊文化的街区，管理时用的是疏堵相结合的方法。

举一个例子。

2021 年火起来的四方坪夜市，就是依托安置区的场景打造的。在火起来之前，这里的夜市文化已经存在近 6 年，原来以排档夜宵为主，总体生意都不错。自发而来的摊位就越来越多，管理又没有跟上，夜市就严重地扰民了。要是赶走摊主，这几百个摊主就会分散到更多的地方，散落在各个街区，反而变得更难管了。更重要的是，一个摊位代表一个家庭的生计，赶走他们肯定不是好办法。

网红长沙的目标是"长红"城市，这就需要有引领潮流并成为地标的文化特色街区。而原来四方坪夜市的自发规模已经非常大，那就顺势把四方坪打造成极具长沙城市特色的夜市，变成游客来这个城市的打卡地之一，无疑是四方坪的最佳发展路径。为此，当地政府牵头，联合物业公司及第三方运营机构，打造了340 个摊位，实行统一管理。他们搭建了必要的基础设施，并进行了声音管理，让夜市热闹但不吵闹。

四方坪在 2021 年出圈的很重要的一点来自这个夜市的管理方法，严格却柔软有弹性，而夜市摊位的设计，也让各个摊位及周边门店的组合取得了 1 加 1 大于 2 的效果。

严格，体现在品类重复度及卫生纪律方面；柔软有弹性，是指针对各个摊主的创新绝不干涉。在四方坪的各个小吃摊，都极具特色。这样能激发各个摊主的创新力，让夜市街更有可逛性，更符合长沙网红城市的气质。

1 加 1 大于 2，是指不要将同类的摊和店放在一起，比如柠檬茶店前就不能再摆一个手打柠檬摊，而更倾向于把烧烤、臭豆腐这些重口味的摊放在奶茶店门口；反之，小龙虾店面口就应该摆水果摊。

四方坪主街有了知名度和大流量后，四方坪夜市开始再规划夜市的增量，提升"打卡人"的体验。按四方坪新的规划，主街会往外延伸新增三条街。

第一条街位于四方坪新大门入口，要打造 56 个网红摊。这条街只有 56 个摊位，但摊主入驻门槛会比较高。这里说的门槛不是租金，租金反而会有大优惠。门槛主要指摊主本身的可塑性，如有极强的表现力的摊主、能说能唱的摊主、能直播能拍短视频的摊主将优先考虑。如果你不会做这些，不用担心，四方坪有专门的直播零工基地，你不会做直播，那就找零工帮忙拍摄和剪辑视频。

第二条街是跳蚤市场，和主街区只有美食的情况形成互补。

第三条街是休闲微醺慢生活区，这里售卖的商品以精酿啤酒、柠檬茶、咖啡饮品为主，有一个户外酒吧空间。这一规划既能增加四方坪的收入，又能让人们有吃有喝，有得逛，还有得玩。

四方坪不仅仅是一个夜市，还兼具文旅特色。四方坪现在推出了自己的吉祥物，还会打造更多相关的商品，以满足游客在吃喝之余对于购买纪念品的需求。

看完四方坪夜市的例子，我们一起来做一个创业思路拓展的训练。如果你还不知道干些什么，不妨找到夜市运营方，加入摆摊队伍。你也可以学着"把铁锹卖给旧金山挖金人"，帮摊主代拍短视频和开通直播间，获取线上流量。你也可以把自己变成信息交互点，比如交换商品供应链信息和出摊转摊信息，你还可以帮人设计摊位……假如，你是一个想摆摊创业的人，在一个包容度大的网红城市里，会有更多的机会。城市是你创业路上最重要的杠杆。

同样，在北方城市的县城里，你一样可以关注夜市的火爆程度，甚至可以看县城是否以一城之力去改变结构。就像正定县这个夜市，就在一个商品集散地的批发市场里，有点像义乌小商品城。这里的商户是从原来的石家庄南三条批发城迁过来的，新地点位置很偏，因此有不少商户没有搬过来，导致初期这里的生意特别冷清。商户们想着做点什么来带动这里的人气。他们的目光落在了商品城门口的空广场上，从 2012 年起，他们就开始规划在这里开夜市。这里白天是正定小商品市场的停车场。傍晚市场闭市后，这里就换了一番天地，充满了人间烟火气。

而近两年这里吸引了更多的外地人。随着淄博烧烤的出圈，当地加大力度在全网宣传这个夜市，这个夜市才开始在网上有了声浪。发展到今天，这个夜市的 600 个夜市摊，重复度并不是非常高，夜市里全国各地的特色都有。这个夜市里，有不少批发城里的经营者出来摆摊。而且因为人气高，这个夜市吸引了很多摆摊人特意跨省来这里摆摊。而夜市就在正定车站旁边，人们白天来，晚上吃完还能坐老火车回去，这也是一个很特别的体验。如果一个城市要打造一张名片，支持力量就会很大，因此一定也要借好这股"东风"。

城市愿意给更多的支持，就会降低阻力，营商环境也会更好，你在这座城市创业，撬动更大财富值的可能性也就会更大。

低成本开店：
从摆摊到开店的过渡方案

我通过采访发现，很多摊主，已经将摊位经营得非常好了，但要独立开一家店，他们在资金、精力、经验方面还存在不足。从摆摊到独立开一家店，实际上可以采取更为合适的策略。接下来我们看看有没有降低开店成本的方案。

人们常说摆摊的终局就是开店，那么开店和摆摊对比有哪些优势呢？相对来说，开店更为稳定，能减少天气对生意的影响；经营资质不同，店铺还能开展线上业务。开店时，要尽量选择与自己的摆摊项目同类的项目，这样便于召回老顾客，比如你擅长做煎饼摊，你就可以开早餐店，主要做煎饼，然后再增加别的产品项目。开店的缺点就是回收周期较长，而且投入成本较高。如果你现在摆摊有了一定的知名度，而且也有了不少回头客，但开店资金仍然不足，可以参考以下两种低成本开店策略。

1 店中店模式

假设你的摊位售卖的是潮流首饰，如果你在摆摊时，首饰或有个性的装饰性袜子卖得不错，可这些品类要支撑起一家独立门店又有些单薄了，而商超需要拓展这部分的增量市场，你就可以考虑和当地客流量大且管理比较规范的商超谈合作。你要足够专业，确保自己变成门店的增量。这时你可以使用商超里的硬件设施，你的重点应该放在软装上。如果你卖的是首饰，最好能够建立一个自有品牌，借助商超稳定的客流量，在商超内设立一个专门区域进行经营。

举例来说，胖东来的宠物用品品牌叫浩铖宠物，在胖东来许昌店里一个月的销售额超过 15 万元，相当于 3 家线下宠物店的销售体量了。当然，胖东来客流量大是一个重要原因，不过浩铖宠物的经营能力也确实强大。它不仅能够为胖东来规划好宠物用品的活动节，还能通过举办关爱流浪猫狗的公益活动，提升超市美誉度。

采用店中店模式，需要遵守超市的管理规定，而且最好能够采用进货的方式进行合作，这样商品的保管权就归超市，从而降低货品丢失的风险。如果合作方仅按销售提成的方式进行合作，那么你的店就要离收银台近一点，或者增加手持收银机，这样能有效避免货品丢失。特别是高价位的饰品，体积小且容易丢失，这样的措施尤为重要。

除了利用商超渠道，你还可以找那种存量很大、正在进行变革的渠道，比如药店。零售药店的总量在不断增加，而药店的增量市场在于非药品类。你要想办法让自己变小、变灵活，给药店带来增量。像上海一家老字号药店，在药店里开出了奶茶店中店，主题是中药茶饮，紧扣店内中药主题，开发出一系列的中药奶茶。这些奶茶单价较低，也符合年轻人的需求，在店里经常会卖到脱销。该药店打破了年轻群体对中药的刻板印象，拉近了与年轻人的距离。

把奶茶店变成灵活的中药茶饮店中店，也是一个增量思路。在传统药店里，如何在"治病"的基础上给中药药材加上一个"日常保健产品"的标签，如何实现这个想法并变现，最直观的方法就是把中药变成茶饮，成本低且能给门店带来增量。而因为药店的特殊性，门店会对安全性要求更高，你就要注意打消门店的顾虑。如果你要制作中草药型奶茶，原料最好来自连锁药店的采购系统。

2 从摆摊到集装箱品牌

随着店面竞争越来越激烈，大型品牌连锁餐厅，如连锁餐饮界的"四大天王"——正新鸡排、蜜雪冰城、绝味鸭脖和华莱士，它们的规模都已超过万家门店，线下门店的密度也越来越大，它们开始寻求新的渠道，借崛起的夜市，在摊和店之间创建了一个新模式——集装箱品牌。

这种方式降低了加盟的门槛，为那些实力暂时达不到开独立门店的人提供了机会。假设开设一个独立小店的总投入需要40

万元，而通过集装箱品牌加盟的路径可以将加盟门槛降低到 20 万元。因此，夜市中的集装箱品牌加盟，可能成为值得考虑的开店路径。

举一个实例，在长沙有一个红海中异军突起的本土品牌——良果芭。良果芭成立于 2020 年，号称平价版的果呀呀，招牌产品是杧果爽，一杯的价格是 12 元，比同类产品要便宜 6 元。而水果茶这个品类，又刚好踩中了人们对健康的需求。经过 3 年多的发展，良果芭在长沙门店有 100 多家。但这个规模不足以和大的连锁品牌抗衡。在茶饮赛道，想要提升市场份额，最好的策略就是先坚守在一个区域里加大开店密度。但良果芭在长沙碰到的最大问题，就是门店位置不好找。而这时他们准备进入夜市做集装箱品牌加盟，这样就降低了找店的难度，也降低了加盟商的加盟难度。

而且夜市人来人往，流量并不小，这也弥补了很多街边店和商场店关门比较早的时间限制，能延长营业时间。

集装箱品牌加盟，让摊变成了店，从而获得了申请入驻外卖平台的资质。这样，你就能够办理营业执照，开展外卖业务。奶茶门店 70% 以上的销售来自外卖。而从摊变成了店，覆盖面就更广了，总体的经营成本反而更低。基于这个思路，作为集装箱品牌加盟店，还可以早上 7 点开门卖早餐。

如果你有一定的摆摊经验，想开店，可资金还不够，可以关注店中店和集装箱品牌加盟。它们是低成本开店的方式，也是拓展连锁店的起点。

门店经营：
用摆摊给门店营销赋能

消费者购物的 16 种动机中，有一个动机是怀旧。随着年龄增长，人们对童年美好的记忆反而越发深刻。这两年火热的市集，其实触发了很多人对摆摊经历的回忆。对"60后""70后"来说，摆摊是生活，也是事业的起点。而对"80后""90后"来说，街边小摊是儿时的美食记忆。像南方黑芝麻糊广告中那个舔碗的小男孩，就是很多"80后""90后"的共同记忆。用现在的话说就是：他在演我。

如果你已经有了稳定的店，如何把这种摆摊的美好记忆迁移到门店的营销策划中，提升门店销售额呢？我们来看四个运用类比记忆的实战案例。

1 儿童节营销活动，要同时打动家长和孩子

2018 年，我还在一个地方连锁超市任职总经理。5 月底到 6

月初是门店青黄不接的时候，销售情况也比较低迷。这个城市有一个特点，就是出生率很高，小朋友多。因此，我们决定好好地策划"六一儿童节"的营销活动，以此提升门店销售。

在看了往年六一儿童节的销售数据后，我们注意到一个问题：六一儿童节前后两天的生意虽然不错，客流增长也明显，特别是非会员的交易明显上升。然而，这种增长主要集中在玩具、牛奶和零食这几个品类上。与此同时，超市其他品类商品的销售数据并没有增长，甚至有些品类商品的销售数据反而下降了。

看到这个数据表现，我们最终的结论是我们忽略了家长的消费心态。在儿童节的消费中，家长大多是被"社会声音"赶过来的。什么意思呢？在商业世界里，很多节日本质上都是消费节。你以为是你在过节，其实你可能只是在被人推着过这些节日。而店里摆得满满当当的高档玩具和食品，都是对着家长"喊话"："好不容易过节了，你还舍不得给孩子多买点东西？"这样买卖双方的对立情绪就出来了。

因此，通过儿童节活动来扭转家长的对立情绪，让家长和小朋友一起玩起来变成了比提升销售额更重要的事。

为了让家长和小朋友一起参与互动，我们需要找到能够激发他们共同参与的兴趣点。而小朋友的家长主要是"80后"，"80后"的童年有哪些美好的记忆呢？我们对一些老顾客进行了调查，调查结果中出现最多的关键词包括儿时美食、动漫片，还有"孙悟空"等。

如果把这些元素集中在门店里展现出来，是不是就能吸引家长前来呢？这样一梳理，这次儿童节的主题"让你的孩子穿越到你的童年"，就非常自然地呈现了。

方案就是把店里主通道打造成"80 后"童年老街区的样子。采购人员先联系了有《西游记》《哆啦 A 梦》《米老鼠》授权的品牌商，到店里布置商品区；又请了临时工穿上玩偶服，和顾客互动。而这些动漫形象，也是现在小朋友熟悉的，这样小朋友也觉得有意思。

可这些商品比较新潮，不够复古。接下来，我们再把南方黑芝麻糊的厂商找来，让他们还原了电视广告里的黑芝麻糊摊，再让员工穿上老式服装，模仿传统的叫卖声，而顾客在现场可以直接购买芝麻糊。现场还有卖老冰棍的冰棍箱，由员工背着在"街区"里面吆喝售卖。

还有一个关键的环节，我们分头把同城做棉花糖、冰糖葫芦、老式爆米花、敲叮叮糖的手艺人邀请到店里，由门店出原料并给他们制作服饰，让他们在店里摆摊。

这里有一个细节，进入这条"街"的门，是放大的机器猫的任意门。很多家长一看到这个门就感到非常惊喜，再一看到摊位，都说真的是秒回童年，很激动地和自家孩子说起自己的儿时经历。

做到这些还不够，我们还得想办法让家长和小朋友玩起来。我们在"老街区"里设计了一些简单的游戏。游戏不难，只要赢了就可以拿到游戏奖励币，然后赢家可以用这些游戏币到"街区"购买小摊上的食品。家长和小朋友都玩得很开心。

那一年的儿童节活动，不以销售为目标，却创造了门店历年同期最高销售额。好的营销方案是能同时打动用户和客户的。

2 用熟悉和意外给顾客惊喜

接下来的这个案例，是一家位于县城里的购物广场，名字叫君悦购物中心，总经理刘亚宁是一个营销"造节"的高手。而各类营销节中，在购物中心大厅摆摊，是刘亚宁最常用且很有效的方式。

他之所以用这个方法，是因为当地的乡镇还保留着赶集的传统。摆摊，能让顾客觉得亲切。可是，摊上摆些什么，就有讲究了，要让顾客觉得好玩和新奇。

举个例子。

在商业地产中，重复购买率最高的消费品类永远是餐饮。群悦购物中心跟很多商场一样，也会做小吃节。它怎么做呢？它在每个月的 17 号，打造一个"邀吃日"，就是邀请你来吃东西的日子。每个月的这一天，商场会做不同的餐饮主题品鉴，水煮鱼节、小龙虾节，在商场里摆开超长的摊位，同时商场里的其他餐厅也一起提供各种各样的免费试吃品。

这样的小吃节要注意两点：第一是时间，小吃节一定要在就餐高峰期之前 1 小时开始，到了饭点就结束；第二是试吃的量，不能让顾客在试吃区就吃饱。试吃的东西就一点点，你尝了几样会感到饿，商家就会给你折扣券，你就会到楼上的餐厅里去点菜。只要购物中心的餐厅能把顾客留下，也就能带动购物中心的其他业态。

除了增加客流，这么做带来的最直观的效果是提升销售。每年的中秋节，他们会在大厅外摆一条小摊街，专门卖月饼。而月饼被摆出来确实比在店内要好卖得多。

顾客熟悉的方式和新奇的玩法，能给购物中心各业态带来更高的流量。

3 换个角度就很亲切

安徽六安的绿篮超市，原来的名字叫爱客满天星。我第一次听到这个名字时，就顺口说了一句："这很像歌厅的名字啊。"而这个连锁超市在 2017 年之前，品类定位也是和这个名字一样给人感觉特别模糊，什么都卖，但好像没有一样是精的。

有人说改名字会带来好运气，这一句话对绿篮再合适不过了。绿篮，绿色代表着生鲜，很多顾客一听到这个名字就会直接想到"菜篮子"，这就强化了顾客对店里商品品类定位的直观印象。

2020 年后，绿篮超市开始改造门店。在整改的过程中，绿篮超市的总经理发现，他们的直接竞争对手并不是对面的超市，而是顾客的购买习惯。在县城，顾客更喜欢菜市场面对面一问一答的卖法，觉得那样更有人情味。而超市一排一排自选的货架，看着方便却显得冰冷。

"那就把菜摊子搬进店里来。"绿篮超市的总经理向设计师提出了这个方案。他把店里生鲜商品的陈列面积从原来的占不到店内面积的 30%，扩大到占店内面积的 50% 以上。

店里生鲜区，采用了菜市场里方形岛的布局。水果摊位、蔬菜摊位、肉摊位、干货摊位都被设计成了档口的样子。陈列细节，也模仿了菜市场摊位的陈列。比如卖芭蕉的摊主就把芭蕉连杆一起挂起来，顾客有需要时就把芭蕉现切下来。把打称机放在档口内，顾客选好菜交给营业员进行称重。这样营业员和顾客就可以面对面地进行交流。而这家店的顾客以老年人居多，这种摊位式的售卖方式，让他们觉得既熟悉又方便。

4 将菜场"越打越热闹"的氛围搬进店里

最后，我们再看位于青海的"一家亲"超市。这家超市的创始人贾跃林，自己是从菜市场里摆摊起家的，后来开了超市。经过二十几年的经营，"一家亲"超市已经是青海的龙头连锁超市。可不管怎么发展，"一家亲"的创始人总是把摆摊式竞争穿插到他的经营战略中。

传统菜市场是按品类划分区域的，由各小摊位的摊主进行租赁经营，再加上周边有些专卖店，在同品类摊位区里，摊主经营的商品相似度很高。摊主之间存在直接的竞争关系。一般各摊主之间都会经过三轮竞争：拼价格、拼品质、拼服务。这三轮竞争下来，小摊主要么进步，要么被淘汰。

"一家亲"超市除了把菜市场的品类分布形态搬进超市，也把菜市场高压的竞争模式保留了下来。一边是自营，就是公司自采自卖的商品；另一边是联营模式，超市用很优惠的条件邀请当地菜场摆摊高手进店经营。

贾跃林觉得有竞争才是对消费者最有利的，有竞争才能提高服务质量，有竞争才能提升商品质量，而且商品还不能卖贵。适者生存，这样留下来的摊主才是受顾客欢迎的。

在这四个案例中，摆摊思维不仅提升了销售额，更重要的是提升了消费者的满意度。